Bali
Lombok

W0039963

Die Autorin
Elke Homburg

Co-Autor/Bearbeiter
Wolfgang Rössig

**Mit großer Faltkarte
& 80 Stickern
für die individuelle Planung**

www.polyglott.de

6 Typisch

20 Reiseplanung & Adressen

36 Land & Leute

SYMBOLE ALLGEMEIN

 Besondere Tipps der Autoren

 SPECIAL Specials zu besonderen
Aktivitäten und Erlebnissen

 Spannende Anekdoten
zum Reiseziel

⛨ Top-Highlights und
★ Highlights der Destination

60   Top-Touren & Sehenswertes

TOUR-SYMBOLE		**PREIS-SYMBOLE**	
❶ Die POLYGLOTT-Touren		Hotel DZ	Restaurant
6 Stationen einer Tour	€	bis 50 EUR	bis 10 EUR
① Hinweis auf 50 Dinge	€€	50 bis 100 EUR	10 bis 25 EUR
[A1] Die Koordinate verweist auf	€€€	über 100 EUR	über 25 EUR
die Platzierung in der Faltkarte			
[a1] Platzierung Rückseite Faltkarte			

① Touren-Start

Perfekte Planung
Parallel Klappe vorne links aufschlagen

Top 12 Highlights

1 Surferstände der Bukit Badung › S. 74

2 Reisterrassen von Jatiluwih › S. 81

3 Tanah Lot › S. 81

4 Die Straße der Kunsthandwerker › S. 82

5 Ubud › S. 89

6 Gunung Kawi › S. 101

7 Danau Bratan › S. 109

8 Pura Jagaraga › S. 113

9 Gunung Batur › S. 114

10 Pulau Menjangan › S. 117

11 Pura Besakih › S. 128

12 Lombok › S. 133

Zeichenerklärung der Karten

▭ beschriebene Region (Seite=Kapitelanfang)

10 **E** **h** Sehenswürdigkeiten

——④—— Tourenvorschlag

▦▦▦ Autobahn

┈┈┈ Schnellstraße

———— Hauptstraße

———— sonstige Straßen

▦▦▦ Fußgängerzone

——— Eisenbahn

▬▬▬ Staatsgrenze

– – – – Landesgrenze

▬ ▬ ▬ Nationalparkgrenze

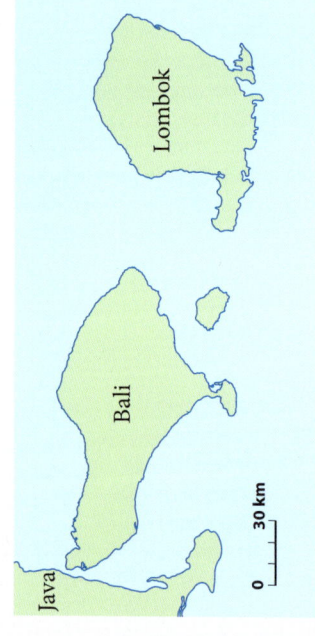

Bali

Kubutambahan
Sangsit · Air Sanih
Singaraja · Pura · Jagaraga
Lovina Beach
Sawan
Bubunan
Kalibukbuk
Seririt
Sambirenteng
Munduk
Danau Tamblingan · Danau Buyan
Pura Ulun Danu · Danau Bratan
Bedugul
1580 Gunung Patas
Pelaga
Pupuan
Gunung Batukaru 2276
Pura Luhur Batukaru · Batukaru · Jatiluwih
Penebel
Kukup
Marga
Antosari
Sangeh
Tabanan · Mengwi
Pura Taman Ayun · Affenwald
Pura Tanah Lot
Sempidi
Batubulan
Celuk
Denpasar
Seminyak · Sanur · Semawang
Legian
Kuta
Jimbaran · Tanjung Benoa
Benoa Port
Surfstrände Padang Padang
Bukit Badung · Nusa Dua
Pura Ulu Watu · Pecatu

Pura · Tegeh Koripan · Gunung Batur 1717
Penulisan
Kintamani · Batur · Danau Batur
Toya Bungkah
Penelokan
Gunung Abang 2153
Tulamben
Amed
Gunung Agung 3142
Gunung Seraya 1175
Tirthagangga
Amlapura
Pura Besakih
Sebatu · Tirtha Empul · Tampaksiring · Gunung Kawi
Rendang
Selat
Tengganan · Ujung
Payangan
Putung
Ubud · Bangli
Yeh Pulu
Mas · Sidan
Bona · Gianyar
Klungkung (Semarapura)
Padang Bai
Candi Dasa
Goa Lawah · Kusamba
Jungutbatu
Nusa Lembongan
Toyapakeh
Nusa Ceningan
529
Pulau Serangan
Nusa Penida
Suwana
Pura Batu Medau

Lombok

Amoramor
Bayan
Gili Lawang
Gili Sulat
Senaru
Belanting · Sugian
Gili Trawangan · Gili Meno · Gili Air
Bangsal
Pemenang · Tanyung
Segara Anak Lake
Gunung Rinjani 3726
Sembalun
Sapit
Mangsit
Senggigi Beach · Senggigi
Lombok
1490
Mataram · Lingsar · Suranadi
Aik Buka · Tetebatu
Pringgabaya
Ampenan · Sweta
Cakranegara · Narmada
Kediri
Kopang · Loyok · Masbagik · Rempung
Prampuan
Suradadi · Selong
Gili Gede · Gili Nanggu
Sukarara
Batujai · Praya
Mujur
Labuhanhaji
Lembar
Penujak
Keruak
Bangko Bangko
Pelangan
Sengkol
Ganti
Pengantap
Rambitan
Ekas
Mawun
Kuta
Kuta Beach

Selat Lombok
Selat Alas
Sumbawa

0   25 km

Der Tempel Pura Ulun Danu
spiegelt sich im Bratan-See

TYPISCH

Bali und Lombok sind eine Reise wert!

Morgenstille am heiligen Bratan-See. Dunkel zeichnet sich die Silhouette der Tempelanlage Pura Ulun Danu auf der spiegelglatten Wasserfläche ab, bis sie die aufgehende Sonne goldgelb färbt und der Himmel zartblau zu schimmern beginnt. Dann kommen die Reisebusse, die Boote und die Wasserskifahrer – *selamat datang* (herzlich willkommen) auf Bali!

Der Autor des Typisch-Kapitels **Wolfgang Rössig** studierte Literatur und Kunstgeschichte, sucht seit Jahrzehnten in Südostasien nach dem perfekten Strand und dem farbenprächtigsten Tauchrevier, ist süchtig nach den scharfen Köstlichkeiten der Garküchen, bewundert die anmutige Gelassenheit der Balinesen, die Skulpturenpracht der unzähligen Tempel und wünscht sich, dass alle asiatischen Sprachen so unkompliziert zu erlernen wären wie Bahasa Indonesia.

Balis Zauber nahm mich sofort gefangen, als ich die Insel der Götter und Dämonen zum ersten Mal besuchte. Dabei hatte der Flug von Sydney nicht gerade Verheißung versprochen, eingeklemmt zwischen Horden von jungen lärmenden Aussies, die sich auf ihre Partys am damals so billigen Strand von Kuta freuten. Doch die Ballermann-Sorgen verflogen schnell: Die Australier verspürten kein Bedürfnis, ihre marihuanaumwölkte Funzone ganz im Süden Balis zu verlassen. Der große

Ausflugsboote schippern am Strand von Nusa Dua entlang

Der Besuch einer Tanzaufführung ist bei einem Bali-Urlaub ein Muss

sen Pensionen. Hier kann man sich von einheimischen Fischern in bunt bemalten Auslegerbooten die Küste entlang oder hinüber zu den Tauch- und Surferstränden der Insel Nusa Lembongan schippern lassen. Nur die am modernen Terminal im Stundentakt anlegenden Fähren aus Lombok stören das Idyll, aber ein paar Kilometer entfernt gibt es noch immer fast menschenleere Badebuchten am türkisblauen Meer. Es sind die letzten Refugien der Rucksackreisenden auf Bali. Wer noch weiter aus der Zeit fallen und dabei nicht gerade knappe Badekleidung ausführen möchte, setzt über nach Lombok. Dort wohnen Dämonen, und die Einwohner praktizieren schwarze Magie, murmeln die Balinesen.

Auf Bali wurde einst das Meeresheiligtum Pura Ulu Watu als Bastion gegen die Dämonen des Meeres und der Finsternis erbaut. Ein Sonnenaufgang vor seiner Kulisse

Rest der Insel blieb den Träumern und Kultursuchenden vorbehalten, und eigentlich ist das bis heute so.

Zugegeben, Kuta Beach ist nach wie vor der schönste Strand der Insel: Wer hier Ferien macht, will baden, surfen, faulenzen und nach Sonnenuntergang in einer der zahlreichen Freiluftdiscos die Nacht durchfeiern. Dagegen wird man in den auf der Halbinsel Bukit Badung errichteten Luxusresorts von Nusa Dua mit feinster Küche, balinesischer Wellness und atemberaubenden Poollandschaften verwöhnt, das nötige Kleingeld vorausgesetzt. An der malerischen Bucht von Sanur sind die meist im traditionellen balinesischen Stil errichteten Unterkünfte (noch) preiswerter, der Aufgang des Vollmonds über der kleinen Inselgruppe Nusa Penida ist jedoch nicht minder romantisch.

Noch immer sehr wohl fühle ich mich im Hafenstädtchen Padang Bai mit seinen anspruchslo-

Von Palmen gesäumte Reisfelder machen Bali zur Paradiesinsel

Immer wieder ein Fest für das Auge: Balis Sonnenuntergänge

bleibt ein einmaliges Erlebnis. Doch nichts beeindruckt mehr als der Sonnenaufgang über dem Vulkan Gunung Batur und seinem Kratersee. Vom See her füllt Nebel den riesigen Einbruchkessel und beginnt vor dem Hintergrund eines leuchtend scharlachroten Himmels zu glühen: Magie pur!

Schönheit findet man auf Bali wirklich überall, zum Beispiel in den Kaskaden der sattgrünen Nassreisfelder von Pupuan zwischen Lovina und Antosari. Bis hinauf zu den Wolken reichen »Treppen des Himmels«, die reiche Ernten mit der Speise der Götter bringen. Balis Zauber entfaltet sich auch im Klang der Gamelanorchester oder in der geheimnisvollen Welt des Schattenspiels, das den ewig währenden Kampf zwischen den Mächten des Guten und des Bösen veranschaulicht. Sie zeigt sich in den bis zum Lidschlag einstudierten graziösen Bewegungen der in Goldbrokatgewänder gehüllten Legong-Tänzerinnen, die Frangipaniblüten als Kopf-

schmuck tragen. Grazie in Vollendung ist die anmutige Körperhaltung der Balinesinnen, die kunstvolle, zu kleinen Türmen arrangierte Opfergaben mit Reiskuchen, exotischen Früchten, Blumen, hart gekochten Eiern, ja manchmal sogar gebratenen Enten und Hühnern auf den Köpfen zu den Dorftempeln balancieren. Und das kann jeden Tag passieren, denn jeder der vielen Tempel auf Bali feiert einmal im Jahr sein Odalan, seinen Geburtstag. Wo sonst auf der Welt werden Straßen gesperrt, damit eine Prozession von Frauen und kleinen Mädchen mit goldfarbenen Diademen sich zu einer der unzähligen Zeremonien begeben kann, zu einem Fest für Brahma, Vishnu oder Shiwa, für deren Gemahlinnen Saraswati, Sri und Parwati oder für andere übernatürliche Wesen, Naturkräfte, Geister, Ahnen und Dämonen?

Letztere hausen, von den Göttern dorthin verbannt, unter Wasser, und der Meeresgraben zwischen Bali und Lombok ist tatsächlich beängstigend tief. Doch rund um die Gili-Inseln warten einige der schönsten Tauchreviere der Welt, mit den Bewohnern zweier Ozeane. Einige von ihnen landen fangfrisch in den Töpfen der *kaki lima* genannten fahrenden Garküchen oder in den *warungs* (Straßenrestaurants) von Bali und Lombok. Ich mag deren Leckereien am liebsten dämonisch scharf mit feuriger Chilipaste gewürzt, aber immer perfekt ausbalanciert. Wie so vieles auf Bali.

Reisebarometer

Majestätische Vulkanlandschaften, zum Weltkulturerbe erklärte Reisterrassen, eine einzigartig reiche Tempelkultur, herrliche Strände, luxuriöse Resorts und eine farbenprächtige Welt unter Wasser: Bali und Lombok sind echte Urlaubsparadiese.

Abwechslungsreiche Landschaft
Reisterrassen, mächtige Vulkane, Traumstrände und eine Zauberwelt unter Wasser

Kultur/Besichtigungsmöglichkeiten
Tausende von Tempeln und farbenfrohe Zeremonien

Kulinarische Vielfalt
Raffiniert gewürzte balinesische Leckereien in den *warungs*, internationale Gourmetküche in den Spitzenresorts

Spaß und Abwechslung für Kinder
Planschen am Strand und exotische Tiere beobachten

Shoppingangebot/Vielfalt
Erlesenes Kunsthandwerk und Batikmode

Abenteuer und Entdecken
Von Elefantensafaris bis Begegnungen mit Haien

Auswahl sportlicher Aktivitäten
Vulkantrekking, Rafting, Tauchen, Schnorcheln, Surfen

Geeignet für Strandurlaub
Party- und Surferstrände sowie tropische Strandparadiese

Preis-Leistungs-Verhältnis
Gehobener Resorturlaub bis günstige Budget-Angebote

Wellness für Körper und Seele
Einige der besten Spas Asiens, Yoga und Ayurveda

● = gut   ●●●●● = übertrifft alle Erwartungen

50 Dinge, die Sie …

Hier wird entdeckt, probiert, gestaunt, Urlaubserinnerungen werden gesammelt und Fettnäpfe clever umgangen. Diese Tipps machen Lust auf mehr und lassen Sie die ganz typischen Seiten erleben. Viel Spaß dabei!

… erleben sollten

(1) Durch Korallengärten schnorcheln In Lovina › **S. 111** bringen Fischer Schnorchler für ca. 40 000 Rupiah zu den Korallenriffen von Kaliasem. Die Ausrüstung verleihen die Hotels (20 000 Rupiah/Tag).

(2) An der Küste dahingleiten Von Mai bis Oktober kann man bei einem Tandemgleitschirmflug die Halbinsel Bukit Badung › **S. 74** aus der Luft erkunden (Timbis Aero Club [D6], 100 US-$/30 Min., Timbis Beach bei Ungasan, Tel. 08 12/3 91 69 18, www.flybali.info).

(3) Spirituelle Erfahrung Im Wellnesszentrum Five Elements [D4] in Ubud › **S. 89** führen die besten Schamanen Balis Heilungsrituale durch (1 250 000 Rupiah/90 Min., Jl. Raya, Ubud, www.fivelements.org).

(4) Haie in der Belongas Bay Im Süden von Lombok › **S. 133** lassen sich Schwarzspitzenhaie sichten. Tauchausflüge mit zwei Tauchgängen organisiert Divezone Lombok, (Tel. 08 19/07 85 20 73, www.divezone-lombok.com, 200 US-$).

(5) Wildwasserfahrt 33 Stromschnellen bietet der reißende Ayung › **S. 108** westlich von Ubud, ideal für Raftingtouren (Bali Adventure Tours [D4], 720 000 Rupiah/Person, Ubud, Tel. 03 61/72 14 80, www.baliadventuretours.com).

(6) Ostasiatischen Lebensstil Yogakurse verschiedener Lehrrichtungen bietet die renommierte The Yoga Barn [D4] an (120 000 Rupiah/90 Min., Jl. Raya Pengosekan, Ubud, Tel. 03 61/97 12 36, www.theyogabarn.com).

(7) Traditionell batiken Die Kurse von Widya [D4] sind besonders zu empfehlen, weil mit Naturfarben gearbeitet wird (400 000 Rupiah/4 Std., Jl. Sri Wedari 61, Tegallantang, Ubud, Tel. 03 61/9 00 06 33, www.widyabatik.baliklik.com)

(8) Kitesurfen Am Strand von Sanur können nach einem Schnupperkurs bei der Rip Curl School of Surf › **S. 67** auch Anfänger auf dem Board über das Wasser flitzen (1 100 000 Rupiah/2 Std., Tel. 03 61/28 77 49, www.ripcurlschoolofsurf.com).

(9) Durch Reisfelder radeln Von Penelokan › **S. 102** geht es mit Blick auf den Vulkan Batur immer leicht abwärts durch idyllische Dörfer. Räder gibt's bei Bali Eco Cycling [D4]

Unvermutetes Bali-Abenteuer: Raftingtour auf dem Ayung

(Jl. Raya Pengosekan, Peliatan, Ubud, Tel. 03 61/97 55 57, www.baliecocycling.com, 40 US-$/Tag).

10 Masken schnitzen Im W.S. Art Studio [D4] bei Ubud › **S. 89** erlernen Sie die balinesische Schnitzkunst (350 000–450 000 Rupiah/2–3 Std., Jl. Raya Silungan Lodtunduh, Tel. 03 61/9 24 58 33, www.craftworkshopbali.com).

11 Heilkräuter Auf den Spaziergängen von Bali Green Walks [D4] rund um Ubud › **S. 89** suchen Sie nach geheimnisvollen Pflanzen (Tel. 03 61/97 50 51, Ubud, baligreenwalks.com, 176 000 Rupiah).

… probieren sollten

12 Bebek betutu Köstlicher kann Ente kaum schmecken: drei Tage lang mariniert, geräuchert, in Bananenblätter gewickelt, gedämpft und gegrillt. Im Spezialitätenrestaurant Bebek Bengil [D4] in Ubud › **S. 89**

bekommt man sie ohne Vorbestellung (Jalan Hanoman, Tel. 03 61/97 54 89, www.bebekbengil.com).

13 Babi guling Das balinesische Spanferkel ist ein echtes Festessen. Besonders rund um den Ort Mengwi › **S. 79** servieren zahlreiche Stände das scharf gewürzte Fleisch portionsweise.

14 Ayam goreng Die freilaufenden balinesischen Hühner schmecken mit einer *bumbu* genannten Gewürzmischung zubereitet besonders gut. Bei Ayam Goreng Kalasan [D5] in Denpasar › **S. 78** werden sie knusprig serviert (Jl. Cok Agung Tresna 6, Tel. 08 12/3 80 99 34).

15 Rijsttafel Die holländischen Kolonisten hatten ein besonderes Faible für die Reistafel. Auf Seminyak › **S. 71** wird sie mit balinesischen Spezialitäten zubereitet (Jl. Kaya Aya, Tel. 03 61/73 67 34).

16 Satay Die über Kokosschalen-Feuer gegrillten Fleischspießchen

Mangostans schmecken exotisch

kühlt hervorragend zu scharf gewürzten Speisen. Er wird in jedem guten Restaurant angeboten (www.hattenwines.com).

㉑ Air Kelapa Mudah Nichts erfrischt mehr als das Wasser der grünen Trink-Kokosnuss, das Sie für wenig Geld an jeder Strandbude bekommen.

... bestaunen sollten

㉒ Gezeichnete Mythologie Die im Neka Art Museum › **S. 90** präsentierten Skizzen des Architekten und Steinmetz I Gusti Nyoman Lempad, der die Paläste und Tempel rund um Ubud baute, sind verblüffend zeitlos.

㉓ Morgenröte am Tanah Lot Die Kulisse des romantischen Tempels › **S. 82** ist legendär, der dort herrschende Rummel leider auch. Kommen Sie lieber am frühen Morgen und genießen Sie die stille magische Atmosphäre.

㉔ Sonnenuntergang am Legian Beach Am Strandabschnitt nördlich der Jalan Padma › **S. 69** halten Einheimische Liegestühle und Bintang-Bier für das Sonnenereignis bereit.

㉕ Dämonenschreck in Stein Über dem Rundbogen des als Weltenberg Meru gestalteten Tempelportals des Pura Ulu Watu › **S. 74** thront das Schlangenhaupt des

mit Erdnusssauce sollten Sie auf dem Nachtmarkt von Sanur › **S. 67** (Jl. Danau Toba, 18–1 Uhr) probieren.

⑰ Gado-Gado Der leckere Salat aus gekochtem Gemüse, Kartoffeln, Sojasprossen und frittiertem Tempeh oder Tofu wird lauwarm mit Erdnusssauce und Krupuk in wirklich jedem Lokal serviert.

⑱ Mangostan Unter einer dicken Schale verbirgt sich ein angenehm säuerliches Fruchtfleisch. Sie bekommen Mangostans auf dem Fruit Market von Kerobokan [D5] (Ecke Jl. Raya Kerobokan und Jl. Gunung Tangkuban Perahu).

⑲ Gulai Ikan Frischer Fisch wird auf Bali in Kokosmilch und mit vielen Gewürzen zubereitet. Lassen Sie ihn sich in den Lokalen am Muaya Beach am südlichen Ende der Jimbaran-Bucht › **S. 74** schmecken.

⑳ Aga Red Der auf Bali gekelterte Rotwein erinnert an einen Beaujolais Nouveau und passt leicht ge-

Kala. Dieser alles verschlingende Dämon ist ein Symbol für die Zeit und soll mit gefletschten Zähnen böse Meeresgeister abwehren.

26 Masken und Puppen Eine auf Englisch erläuterte riesige Sammlung balinesischer Masken und Schattenspielmarionetten zeigt das Setia Darma House of Masks and Puppets [D4] (tgl. 8–16 Uhr, Jl. Tegal Bingin, Ubud, Tel. 03 61/97 74 04, www.setiadarma.org).

27 Schönheit einer Lotosblüte Die Blume Buddhas ist im buddhistischen Glauben Symbol für Reinheit, Treue, Schöpferkraft und Erleuchtung. In einem besonders schönen Lotusteich liegt die Versammlungshalle Bale Kembang [E4] in Klungkung › S. 128.

28 Getanzter Kampf von Göttern und Dämonen Die Tanztruppe von I Made Jimat präsentiert ihr Repertoire an jedem 1. und 15. des Monats auf der Umah Kodok Stage [D/E4] in Batuan (19.30–21 Uhr, 150 000 Rupiah, Tel. 03 61/29 61 37, www.pusakasaktiarts.com)

29 Perfekter Traumstrand Kristallklares Meer, pulvriger Sand, Korallengärten, preiswerte Unterkünfte, kein Partytrubel: Die Ostküste von Gili Meno [a1], die kleinste der Gili-Inseln › S. 141, ist perfekt für romantische Strandgenießer.

30 Bunte Fischerboote Am Strand von Sanur › S. 67 sind besonders viele in allen Regenbogenfarben bemalte,

jukung genannte Auslegerboote zu bewundern. Den an einen Speerfisch erinnernden Bug zieren oft Drachenmäuler.

… mit nach Hause nehmen sollten

31 Balinesische Bambusflöte Das hübsche Musikinstrument darf in keinem Gamelanorchester fehlen und passt in jedes Handgepäck. Bei Moari [D4] in Ubud › S. 89 gibt es die Flöte für etwa 30 000 Rupiah (Jl. Raya Ubud, Tel. 03 61/97 73 67).

32 Südseeperlen 4 km östlich von Permutaran können Sie auf der Atlas Pearl Farm [B2] kostbare Exemplare bestaunen und im Laden einen Anhänger ab 300 000 Rupiah erwerben (Jl. Nelayan Penyabangan, Tel. 03 61/28 44 55, www.atlassouthseapearl.com.au).

33 Antimückenlotion Eine mit lokalen Kräutern hergestellte angenehm duftende Lotion hält die Haut feucht und Moskitos fern. Erhältlich für 33 000 Rupiah u. a. im Utama Spice Shop [D4] (Monkey Forest Road, Ubud, Tel. 03 61/7 85 31 55, www.utamaspicebali.com).

34 Avantgardekleid von Ming »Urbanized Zen« nennt die balinesische Modeschöpferin Eny Ming [D5] den Stil ihres kleinen Schwarzen, mit dem Sie auch in New York oder Paris die Blicke auf sich ziehen (Jl. Legian Kelod 361, Kuta, Tel. 03 61/ 75 12 54, www.enyming.com)

35 Ein Gemälde Die Bilder des Künstlers I Ketut Soki zeigen Szenen aus dem balinesischen Alltag und sind mit Preisen ab ca. 300 € in der Agung Rai Gallery [D4] recht erschwinglich (Jl. Peliatan Peliatan, Ubud Gianyar, Tel. 03 61/97 45 62, www.agungraigallery.com).

36 Keramik Das puristische Design der Tellerchen und Schälchen von Kevala Ceramics [D5] setzt bunte Häppchen besonders attraktiv in Szene (Jl. Mertasari 21, Suwung Kangin, Denpasar, Tel. 03 61/72 07 18, www.kevalaceramics.com).

37 Eine Holzmaske aus Lombok Die größte Auswahl an hochwertiger Schnitzkunst finden Sie zu günstigen Festpreisen bei Bayan Lombok Handicraft [a2] (Jl. Raya Senggigi km 8, Senggigi, Tel. 03 70/69 37 84, www.bayanlombok.com).

38 Berühmten Kaffee Die Bohnen des Kopi Luwak nehmen einen Umweg durch den Verdauungstrakt von Schleichkatzen. 100 g kosten im kleinen Laden Kopi Sobat [D5] 250 000 Rupiah, ein Schnäppchen im Vergleich zu den sonst gezahlten Mondpreisen (Jl. Raya Seminyak 17, Seminyak, Tel. 03 61/73 69 67).

39 Ikat-Rock In der kleinen Weberei Ikat Putri Bali › S. 34 können Sie hochwertige handgewebte Ikatstoffe erwerben. Der laufende Meter kostet um die 125 000 Rupiah, ein Sarong etwa 300 000 Rupiah (Jl. Manik 1, Gianyar, Tel. 03 61/94 30 55).

40 Schattenspielfigur Besonders kunstvoll gefertigte Figuren des traditionellen *wayang kulit* finden Sie bei Titisan Art [D5] für etwa 1 500 000 Rupiah. Handeln ist aber möglich (Jl. Danau Tamblingan 170, Sanur, Tel. 03 61/27 00 15)

... bleiben lassen sollten

41 Nach dem Weg fragen Nicht, dass man Sie mit Absicht irreführen möchte: Man ist einfach zu stolz, um zuzugeben, dass man den Weg nicht weiß. Bitten Sie daher lieber jemanden im Hotel, Ihnen die Adresse auf einem Plan zu zeigen.

42 Auf die Minute schauen Für ›spät‹ haben die Indonesier einen wunderbaren Ausdruck: *jam karet*, die Gummizeit. Sie beherrscht fast alles: die Abfahrt von Zügen, geschäftliche Treffen und selbst den Frühstücksservice.

Kostbare Souvenirs: Schattenspielfiguren

Der Schein trügt, denn Tempelaffen sind nicht nur friedliche Zeitgenossen

43 **Billige Cocktails trinken** In günstigen Bars wandert öfters schwarz gebrannter Schnaps ins Glas. Dabei kommt es immer wieder zu Vergiftungen. Beim geringsten Zweifel also Verzicht üben, auf Lombok am besten generell.

44 **Tempelaffen unterschätzen** In den Tempelbezirken tummeln sich jede Menge dreister Nachfahren des Affengotts Hanuman. Gerne machen sie Jagd auf Brillen, Hüte, Taschen und Kameras.

45 **Warntafeln ignorieren** Aufgrund gefährlicher Unterströmungen, die auch erfahrene Schwimmer weit ins Meer hinausziehen können, sollten Sie nur in der Zone zwischen zwei gelben Fahnen schwimmen.

46 **Kreditkarten zücken** Kreditkartenmissbrauch ist auf Bali leider gang und gäbe. Zahlen Sie wenn möglich bar, und überwachen Sie, falls Sie doch einmal mit Karte zahlen müssen, den Zahlungsvorgang genau.

47 **Gesichtsverlust** Setzen Sie auf Gelassenheit und lächeln Sie dabei so viel Sie können. Mit Humor lassen sich oft aussichtslose Situationen bereinigen. Wird es bedrohlich, ziehen Sie sich unbedingt zurück: Körperliche Auseinandersetzungen verlieren Sie immer.

48 **Knappe Badekleidung tragen** Was in Balis Touristenhochburg Kuta kein Problem ist, sorgt auf dem islamisch geprägten Lombok für Probleme. Sarongs sind stets die bessere Wahl am Strand.

49 **Schildpatt kaufen** Die Einfuhr in die EU ist streng verboten, und Sie müssen mit hohen Bußgeldern rechnen. Verzichten Sie auch auf Schmuck aus Korallen und Schneckenhäusern, da sie ebenfalls unter Artenschutz fallen.

50 **Die Tropensonne unterschätzen** Die Sonne brennt in Äquatornähe viel stärker als in unseren Breiten, und auch unter einer schattigen Palme droht Sonnenbrand.

Die ganze Welt
von POLYGLOTT

Mit POLYGLOTT ganz entspannt auf Reisen gehen. Denn bei über 150 Zielen ist der richtige Begleiter sicher dabei. Unter www.polyglott.de finden Sie alle POLYGLOTT Reiseführer und können ganz einfach direkt bestellen. GUTE REISE!

Meine Reise, meine APP!

Ob neues Lieblingsrestaurant, der kleine Traumstrand, die nette Boutique oder ein besonderes Erlebnis: Die kostenfreie App von POLYGLOTT ist Ihre persönliche Reise-App. Damit halten Sie Ihre ganz individuellen Entdeckungen mit Fotos und Adresse fest, verorten sie in einer Karte, machen Anmerkungen und können sie mit anderen teilen. So wird Ihre Reise unvergesslich.

Mehr zur App unter www.polyglott.de/meineapp und mit dem QR-Code direkt auf die Seite gelangen

Available on the App Store

ANDROID APP ON Google play

Geführte Tour gefällig?

Wie wäre es mit einer spannenden Stadtrundfahrt, einer auf Ihre Wünsche abgestimmten Führung, Tickets für Sehenswürdigkeiten ohne Warteschlange oder einem Flughafentransfer? Buchen Sie auf **www.polyglott.de/tourbuchung** mit rent-a-guide bei einem der deutschsprachigen Guides und Anbieter weltweit vor Ort.

Clever buchen, Geld sparen mit **Gutscheinaktion** unter www.polyglott.de/tourbuchung

www.polyglott.de

Was steckt dahinter?

Die kleinen Geheimnisse sind oftmals die spannendsten. Wir erzählen die Geschichten hinter den Kulissen und lüften für Sie den Vorhang.

Warum trägt man auf Bali keine grüne Badekleidung?

Grün ist die Farbe der meist mit wehendem meergrünem Umhang abgebildeten schönen Meeresgöttin Ratu Kidul, deren Wut man auch die Entstehung von Tsunamis zuschreibt. Für Fischer ist diese Farbe daher absolut tabu. Badeshorts oder Bikinis am Strand in Grün sind deshalb keine gute Idee, denn die erzürnte Göttin könnte die leichtsinnigen Träger mit einer Welle in den Abgrund ziehen. Surfer seien besonders gewarnt, denn die Göttin soll ein besonderes Faible für attraktive junge Männer haben.

Wozu dienen die Körbchen am Straßenrand?

Manchmal tritt man fast hinein in die bunten *baten jotan:* Kleine geflochtene Körbchen oder zu flachen Schalen geformte Palm- und Bananenblätter, in denen Hibiskusblüten, Räucherstäbchen, gekochter Reis und ein paar mit Kurkuma gefärbte Kokosraspel liegen. Es sind tägliche Opfergaben, um die Götter milde zu stimmen, deponiert am Straßenrand, in Hauseingängen, an gefährlichen Kreuzungen. Selbst im unscheinbarsten Detail, umtost vom dichten Verkehrsgewühl der Hauptstadt Denpasar, manifestiert sich hier der balinesische Sinn für Ästhetik.

Warum gibt es auf Bali so viele hohe Mauern?

Geister nimmt man auf Bali sehr ernst. Auf dem Land sind nur die kleinen Krämerläden zur Straße hin geöffnet, während sich die streng nach spirituellen Gesichtspunkten konzipierten Familiengehöfte entlang der Dorfstraßen mit mannshohen Lehm- oder Steinmauern vor Dämonen schützen. Die kleine, *aling aling* genannte querstehende Mauer hinter dem Hofeingang sorgt dafür, dass sich nachts die bösen Geister den Kopf einrennen: Sie sind nämlich in ihrer blindwütigen Raserei nicht fähig, nach links oder rechts auszuweichen. Die immer viel zu niedrigen Haustüren sorgen ebenfalls dafür, dass die Geister nicht ins Haus gelangen.

Warum besteigen die Balinesen keine Berge?

Die majestätischen Vulkane Agung und Batur wurden der Überlieferung nach von Gott Shiva persönlich aufgetürmt und gelten als Wohnort zahlreicher Göttinnen und Götter. Deren privates Reich zu stören gilt als überaus töricht, und daher müssen sich trekkende Touristen auf verschlossene Gesichter und unfreundliche Sprüche gefasst machen. Nur die oft sehr aufdringlichen lokalen Führer nehmen das Risiko erzürnter Gottheiten in Kauf.

Die Strände von Lombok sind
teilweise noch menschenleer

REISE-PLANUNG & ADRESSEN

Die Reiseregion im Überblick

Kilometerlange Sandstrände, Vulkane, Reisterrassen, die wie Himmelstreppen bergaufwärts streben, ein waldreicher Nationalpark und bunt schillernde Korallenriffe – das alles vereinigt das nur 5600 km² große Inseljuwel Indonesiens.

Bali ist eine der 17 500 Inseln des indonesischen Archipels, die sich wie Perlen an den Äquator schmiegen. Die Schönheit der Natur verbindet sich auf Bali mit seinen Menschen und ihrer sinnlichen, farbenfreudigen Hindukultur. Im Gegensatz zum muslimischen Mutterland Indonesien kultivieren die Balinesen noch eine alte Form des Hinduismus. Das ganze Jahr über wird in den über 10 000 Tempeln immer irgendwo ein farbenfrohes Tempelfest gefeiert. Die täglichen kleinen Opferungen sind Ausdruck einer innig gelebten Religiosität. Aber Bali ist keineswegs in Schönheit und Religiosität erstarrt, sondern präsentiert sich als vielseitiges Urlaubsparadies für jeden Urlaubstyp und jeden Geldbeutel.

Wer nach Herzenslust baden möchte, sollte sein Quartier in den Badeorten **Südbalis** aufschlagen, in Jimbaran, Sanur oder Nusa Dua. Wer gern die Nacht zum Tag macht, ist in Kuta und Legian richtig. Zu entdecken gibt es im Süden den Felsentempel Ulu Watu auf der Halbinsel Bukit Badung und Kunsthandwerksdörfer wie Batubulan, Celuk und Sukawati.

Kulturulauber sind in Ubud **(Zentralbali)** gut aufgehoben. Im kulturellen Herz Balis können sie faszinierende Museen und Tanzvorführungen besuchen und durch die Reisfelder wandern. Auch die ältesten Inselheiligtümer wie Goa Gajah, Gunung Kawi, Yeh Pulu und Tirtha Empul sind nicht weit. Ubud ist der beste Ort, um sich in den schönsten »Wellnesstempeln« verwöhnen zu lassen.

Daran gedacht?

Einfach abhaken und entspannt abreisen

- [ ] Impfungen
  (siehe Infos von A–Z)
- [ ] Reisepass
- [ ] Flugtickets
- [ ] Führerschein (Leihwagen)
- [ ] Babysitter für Pflanzen und Tiere organisiert
- [ ] Zeitungsabo umleiten / abbestellen
- [ ] Postvertretung organisiert
- [ ] Hauptwasserhahn abdrehen
- [ ] Fenster zumachen
- [ ] Nicht den AB besprechen »Wir sind für zwei Wochen nicht da«
- [ ] Kreditkarte einstecken
- [ ] Medikamente einpacken
- [ ] Sonnenschutz
- [ ] Ladegeräte
- [ ] Adapter einstecken

Balis Reisterrassen bieten einen unvergesslichen Anblick

Wem die Strände Südbalis zu voll sind, der fühlt sich vielleicht an der ruhigeren Küste **Nordbalis** wohler. Lovina Beach eignet sich sehr gut als Ausgangspunkt für Tempeltouren in der Umgebung von Singaraja und für spannende Touren ins bergige Hinterland zum Batur-Vulkan, den man auch besteigen kann, und nach Bedugul mit seinen hübschen Seen. Schnorchler und Taucher finden nicht nur in Lovina gute Reviere, sondern auch bei Pemuteran im Nordwesten und auf der Insel Menjangan, die zum Barat-Nationalpark gehört.

Auch **Ostbali** bietet Unterwasser-Fans in Amed, Lipah und Tulamben an der Ostküste interessante Tauchplätze, während Candi Dasa sich eher als Standort für Touren im Osten, z. B. zu den Wasserpalästen in Tirthagangga oder zum alten Gerichtshof Kerta Gosa in Klungkung (Semarapura), denn als Badeort eignet. An den Hängen des mächtigen Vulkanbergs Gunung Agung ist der Muttertempel Besakih nicht nur der wichtigste Wallfahrtsort der Balinesen, sondern auch das Top-Ausflugsziel aller Bali-Besucher.

Die Straße von **Lombok** trennt Bali von der gleichnamigen Insel. Und jenseits des tiefen Meeresgrabens liegt eine andere Welt. Die muslimische Nachbarinsel wirkt auf den ersten Blick weniger lieblich, dafür hat sie traumhafte Strände. Der Badeort Sengiggi im Westen bietet Hotels in allen Kategorien, zahlreiche Restaurants und ein eher bescheidenes Nachleben. Die vorgelagerten Gili-Inseln ziehen ein junges Partyvolk und die wachsende Gemeinde der Taucher an.

Ruhig ist es noch im Süden der Insel, wo die Buchten rund um Kuta mit (noch) menschenleeren Stränden locken. 2011 wurde der neue internationale Flughafen eröffnet, was zur Folge hat, dass der Tourismus auf der Insel langsam zunimmt. Aktivurlauber finden ihre Herausforderung hingegen beim Vulkantrekking auf den 3726 m hohen Gunung Rinjani.

Klima & Reisezeit

Bali kennt, bedingt durch die Monsunwinde, nur zwei Jahreszeiten: Regen- und Trockenzeit.

Zwischen November und März bringt der Nordwestmonsun viele Niederschläge und bis zu 95 % schweißtreibende Luftfeuchtigkeit! Einen Regenschirm sollte man in dieser Zeit auf keinen Fall vergessen, aber ein ganz und gar verregneter Tag oder gar mehrere Regentage am Stück sind sehr selten.

Die Trockenzeit beginnt meist im April und dauert bis etwa Oktober. Verschiebungen um ein bis zwei Monate sind möglich. Durch die Lage dicht am Äquator betragen die Temperaturen ganzjährig im Schnitt zwischen 25 und 30 °C, im Bergland ist es rund 10 °C kühler, was tagsüber sehr angenehm ist. An den Abenden benötigt man hier sogar oft einen Pullover. Die beste Reisezeit sind – klimatisch betrachtet – die Sommermonate, wenn es auf Bali trocken und weniger schwül ist. Allerdings ist im Juli und August Hochsaison – das heißt, Hotelzimmer sind teurer, Restaurants und Strände wesentlich voller als in anderen Monaten. Deutlich weniger Touristen tummeln sich im Winter an Balis Stränden, mit Ausnahme von Weihnachten, wenn die Australier auf »ihrer« Urlaubsinsel »Sommerferien« machen. Was für Bali gilt, trifft grundsätzlich auch auf Lombok zu. Im äußersten Süden der Insel ist es jedoch wesentlich trockener und auch heißer.

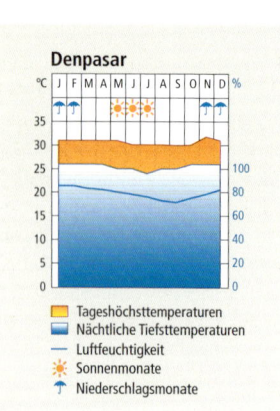

Anreise

Der internationale Flughafen Ngurah Rai bei Denpasar, ist mit Jakarta, Singapur, Bangkok und anderen Drehkreuzen verbunden.

Von Europa nach Bali

Der internationale Flughafen Ngurah Rai, 13 km südwestlich von Denpasar, ist mit Jakarta, Singapur, Bangkok und anderen internationalen Drehkreuzen verbunden. Flüge nach Denpasar bieten z. B. Lufthansa, Malaysia Airlines und Singapore Airlines. Im Flughafen gibt es einen Taxischalter, an dem man Taxi-Coupons zum angeschlagenen Festpreis (je nach Entfernung) für die Taxifahrt ins Hotel erwerben kann. Direktflüge nach Lombok gibt es mit Singapore Airlines via Singapur und weiter nach Mataram mit der Tochtergesellschaft Silk Air.

Angebote auf Gili Trawangan

Weiterreise nach Lombok

Es gibt sieben **Flüge** täglich mit Garuda, Wings Abadi und Lion Air von Denpasar (Bali) nach Lombok. Für den Taxitransfer vom internationalen Flughafen zu den Touristenorten Lomboks gelten Festpreise. Eine günstige Alternative: Die klimatisierten DAMRI-Busse fahren in 1,5 Std. über Mataram nach Senggigi. Die **Fähren** von Bali nach Lombok legen mehrmals täglich in Padang Bai ab. Sie benötigen 4 bis 6 Std., sind wenig komfortabel, aber preisgünstig. Schneller sind die Verbindungen per **Katamaran**: Die »Gilicat« fährt ab Padang Bai (mit Zubringer von den Badeorten des Südens) nach Gili Trawangan und weiter nach Teluk Kode auf Lombok. Fahrtdauer ca. 1 bis 1,5 Std. (www. gilifastboats.com). Die Alternative: Blue Water Express ab Serangan (mit Zubringer aus vielen Orten in Südbali) nach Gili Trawangan und nach Teluk Kode auf Lombok. Fahrzeit je nach Seegang 2 bis 2,5 Std. (Tel. 0 81 33/ 8 41 89 88, www.bluewater-express.com).

Weiterreise zu den Gilis

Mit Blue Water Express Gili Trawangan erreicht man direkt (ohne Umweg über Lombok) von Südbali aus die Insel Gili Trawangan. Wer von Lombok aus die Gilis anfahren möchte, kann zwischen den öffentlichen Booten ab Bangsal und dem Shuttle-Service von Perama (www.peramatour.com) wählen. Zwischen den einzelnen Inseln gibt es lokale Bootsdienste.

Anreise/Weiterreise von/nach Java

Yogyakarta, Surabaya, Bandung und Jakarta auf der Insel Java werden mehrmals täglich ab Denpasar (Bali) angeflogen. Billiger, aber viel anstrengender ist die Fahrt mit dem Expressbus (inkl. Fährpassage) zwischen Denpasar (Bali) und Yogyakarta (Java) mit Verbindungen von Jakarta. Auch von Lombok aus gehen mehrere Flüge täglich nach Jakarta und Surabaya.

Reisen auf Bali und Lombok

Die billigsten, aber nicht gerade bequemen Verkehrsmittel auf Bali sind die *bemos,* Pickups, und die öffentlichen Busse. Besonders entspannt wird Ihr Urlaub, wenn Sie einen Wagen mit Chauffeur mieten.

Mietwagen und Motorrad

Ein Mietwagen ist nur geübten Fahrern zu empfehlen. Mehr Schwierigkeiten als der Linksverkehr macht der anarchisch anmutende Fahrstil vieler Balinesen. Hühner und Hunde nehmen am Verkehr regen Anteil. Die internationalen Mietwagenfirmen haben Stationen in einigen Luxushotels an der Küste.

Einheimische Verleihfirmen oder Reisebüros bieten oft günstigere Tarife – diese sind je nach Saison verhandelbar. Der internationale Führerschein muss bei der Anmietung vorgezeigt werden. Die üblichen Fahrzeugtypen sind Suzuki Jeeps oder der größere Toyota Kijang. Ein Jeep kostet je nach Zustand, Mietdauer und Verhandlungsgeschick ab rund 20 € pro Tag inkl. Versicherungsgebühr. Vor Vertragsabschluss sollte man sich ein Bild vom Zustand des Wagens, vor allem der Bremsen, machen.

In jedem Hotel ist man gern bei der Anmietung eines Wagens mit Chauffeur behilflich, aber auch Reisebüros in den Haupttouristenorten bieten diesen Service an (zusammen 30–40 € pro Tag). Erkundigen Sie sich bei mehrtägigen Rundreisen, ob die Übernachtung und Verpflegung des Fahrers im Mietpreis inklusive sind. War der Service zufriedenstellend, freut sich der Fahrer über eine Anerkennung.

Auf **Lombok** kosten Mietwagen mit Chauffeur inklusive Benzin rund 600 000 Rp. pro Tag (um 40 €). Allerdings sprechen die Fahrer

! Erst-
: klassig

**So weit das Auge reicht –
Bali gratis**

- **Tegalalang** – Reisterrassen in Perfektion. › S. 103
- **Penelokan** – ein echter Atemräuber: der Blick in die Caldera des Batur-Vulkans. › S. 114
- **Mimpi Resorts Menjangan** – im Rooftop-Hotelrestaurant über den Dschungel hinweg nach Java blicken. › S. 117
- **Bucht von Amed** in Ostbali – hinter den Fischerbooten erhebt sich der majestätische Kegel des Agung-Vulkans. › S. 132
- **Terrasse des Ashtari** in **Kuta** (Lombok) – mit den schönsten Inselstränden im Blick. › S. 143
- **Caldera des Gunung Rinjani** (Lombok) – aus 2000 m Höhe zum Schwestervulkan Agung auf Bali blicken. › S. 145
- **Nusa Penida** – das meerumspülte Felsentempelchen beim Hafen von Kutampi ist ein echter Eyecatcher. › S. 84

meist nur sehr wenig Englisch. Ohne Chauffeur schlagen Mietwagen je nach Zustand des Wagens mit 250 000 bis 500 000 Rp zu Buche. Die Versorgung mit Tankstellen auf Bali ist in den Touristenzentren gut, in abgelegeneren Gebieten oder auch auf Lombok sollte man auf das Schild »Premium« achten: Für einen Literpreis, der leicht über dem der Tankstellen liegt, wird der Tank manchmal noch aus Flaschen gefüllt.

Auf Bali besteht Helmpflicht

Reizvoll, aber angesichts der chaotischen Verkehrsverhältnisse nicht ungefährlich, ist es, Bali per Motorrad zu erkunden. In diesem Fall empfiehlt es sich, die stark befahrenen Hauptstraßen an der Küste zu meiden und auf Nebenstrecken auszuweichen. Es besteht Helmpflicht, der Helm muss vom Vermieter gestellt werden. Preise von ca. 50 000 Rp. pro Tag und das Gefühl von Freiheit und Abenteuer locken, aber die Unfallquoten sind leider hoch.

Öffentliche Verkehrsmittel

Die öffentlichen Busse sind billig, aber nicht bequem; zudem führen die Strecken nicht durch die Touristenzentren. Besser sind die Shuttle-Busse der Firma Perama Tour & Travel – sie fahren zwischen den Touristenzentren mehrmals täglich. Tickets werden in Reisebüros entlang der touristischen Routen verkauft. Die billigste und auch unbequemste Reisemöglichkeit ist das *bemo*, ein überdachter Pickup, der in der Regel zwar eine festgelegte Fahrtstrecke, aber keine festen Haltestellen kennt. Wer aussteigen möchte, macht sich bemerkbar. Den Reisepreis sollte man bei Mitreisenden erfragen. Tickets werden in Reisebüros entlang der touristischen Routen verkauft. Eine bequeme Alternative für kürzere Strecken sind Taxis, vor allem innerhalb von Ortschaften. Lizenzierte Taxis (meist die himmelblauen Blue Bird Taxis, die auch mit Taxameter ausgestattet sind) gibt es nur in den Touristenzentren Balis und in Lombok nur in Senggigi und im Städtekonglomerat Ampenan/Mataram/Cakranegara. Achten Sie darauf, dass der Taxameter eingeschaltet wird. Außerhalb der Touristenzentren ersetzen gecharterte Mietwagen oder auch Minibusse mit Fahrer bzw. ein gechartertes Bemo die Taxis. Man kann sie auch für Tagesausflüge mieten, wobei der Preis vorher pauschal – abhängig von der Strecke – auszuhandeln ist.

Cidomos, Pferdewagen, verkehren vor allem in ländlichen Gegenden Lomboks, aber auch noch im Städtekonglomerat Ampenan/Mataram/Cakranegara als öffentliche Verkehrsmittel. Der Preis ist Verhandlungssache. Auf den autofreien Gilis sind die Pferdewagen einziges Verkehrsmittel.

Mit Kindern unterwegs

Balinesen lieben Kinder – also beste Voraussetzung für einen Familienurlaub auf der Götterinsel. Wenn nur nicht die lange Anreise aus Europa wäre! Die tropische Schwüle verkraften Kinder meist besser als wetterfühlige Erwachsene. Die am Äquator extreme Sonneneinstrahlung sollte man jedoch nicht unterschätzen. Reichlich Sonnenschutzmittel (mind. Lichtschutzfaktor 30 – auf Bali teuer) und Sonnenmütze sowie Mückenschutz gehören unbedingt ins Gepäck.

Baden und Strände

Die meisten Familien zieht es ans Meer. Doch Achtung – vor allem an der Südwestküste rund um Kuta › S. 59 machen Strömung und Wellen das Baden für kleine Kinder zu einem nicht ganz ungefährlichen Vergnügen. Sehr familienfreundlich präsentieren sich dagegen die Strände von Sanur › S. 67 oder Nusa Dua › S. 76, wo es sanft in tieferes Wasser geht. Auch Lovina › S. 111 oder Pemuteran › S. 110 sind gute Standorte für Familien. Attraktion sind hier die Korallenriffe direkt vor dem Strand, die zum Schnorcheln verlocken. Kinder im Schulalter lernen schnell den Umgang mit Taucherbrille, Schnorchel und Flossen und genießen das Schwimmen zwischen den Fischen.

Wassererlebnis

Wasserspaß pur bietet der **Waterbom Park & Spa**: Hier können die Eltern im tropischen Garten oder im Spa entspannen, während coole Erlebnisrutschen und zahlreiche andere Attraktionen für Nervenkitzel beim Nachwuchs sorgen (Jl. Kartika Plaza, Tuban, Tel. 03 61/ 75 56 76, www.waterbom-bali.com, tgl. 9–18 Uhr).

Whitewater-Rafting

Je größer die Kinder, desto wichtiger der »Action«-Faktor. Ein Kick für Kinder ab ca. 8 Jahren ist **Whitewater-Rafting** im Ayung-Tal von Ubud. Die halbtägigen Touren inkl. Zubringerbus und Verpflegung kann man in vielen Hotels und Reisebüros buchen (z. B. bei Adventure Tours, Legian, Tel. 03 61/ 72 14 80, www.baliadventuretours.com; oder bei Sobek, Sanur, Tel. 03 61/72 90 16, www.balisobek.com).

Spaß mit Tieren

Ein Event für die ganze Familie sind Elefanten-Safaris mit gutmütigen Sumatra-Elefanten, die im **Elephant Park** von Taro ein neues Zuhause fanden. Informationen bei Adventure Tours (› Rafting). Die Safaris sind allerdings nicht ganz billig!

Ein bezahlbares Vergnügen ist ein Besuch im **Bali Bird Park** › S. 83 von Singapadu. Paradiesvögel, Nashornvögel, Kakadus und bunte Papageien – die Stars der Vogelwelt zwischen Asien und Australien – begeistern Groß und Klein.

Pythons, Königskobras und der legendäre Komodo-Waran faszinieren Kinder im **Reptilienpark** › S. 83 gegenüber (Bali Reptile Park, Singapadu, Tel. 03 61/29 93 52, tgl. 9 bis 17.30 Uhr).

Neueste Attraktion ist der **Bali Zoo** (Sukawati, Tel. 03 61/29 43 57, www.bali-zoo.com, Erwachsene 24 €, Kinder 12 €, tgl. 9–18 Uhr) mit vielen Vertretern der indonesischen Tierwelt, die man in freier Wildbahn kaum zu sehen bekommt: Sumatra-Tiger, Sumatra-Elefant oder Sambar-Hirsch. Favoriten der Kids sind aber die zotteligen Orang-Utans, die sich im Miniatur-Regenwald von Ast zu Ast schwingen.

Nicht versäumen: ein Besuch im **Affenwald** von Sangeh › S. 103 und im **Monkey Forest** von Ubud › S. 155. Allerdings sind die Makaken, die gern Mützen, Brillen und Schmuck entwenden, keine Streicheltiere und können beißen, wenn man ihnen zu nahe kommt. Nicht füttern!

Kultur für Kids

Trotz der Konkurrenz von Fernsehen und Kino – balinesische Kinder verfolgen auf Tempelfesten gebannt die traditionellen Tänze und Tanzdramen zur Unterhaltung von Göttern und Menschen. Und auch heute noch träumt manches balinesische Mädchen davon, eine Legong-Tänzerin zu werden. Mehr als die anmutigen Bewegungen der Tänzer faszinieren Kinder aus dem Westen die fantasievollen Masken und der temperamentvolle Takt des Gamelanorchesters.

Eindeutige Favoriten der Jüngsten sind die täglichen Barong- und Rangda-Tanzvorführungen auf der Bühne von Batubulan – Termine der Tanzvorstellungen › S. 83.

Wer nicht nur zuschauen, sondern selbst aktiv werden möchte, kann Tanzkurse für Kinder, z. B. im ARMA Museum in Ubud › S. 90, buchen.

Auch bei den Tanzproben der Dorfkinder sind die kleinen Urlauber jederzeit gern gesehene Gäste (Informationen an den Hotelrezeptionen).

Sport & Aktivitäten

Wassersport spielt auf der Tropeninsel eine Hauptrolle – je nach Himmelsrichtung locken die Strände Surfer oder Taucher an. Aber auch Golfer, Yogafans und Wanderer kommen auf ihre Kosten.

Tauchen und Schnorcheln

Die Riffe vor Candi Dasa sowie Amed, Tulamben und Sambirenteng im Osten Balis sowie Lovina und Pemuteran im Norden bieten gute Möglichkeiten, Balis Unterwasserwelt kennenzulernen. Zu den besten Schnorchel- und Tauchrevieren Indonesiens zählt die Insel Menjangan › S. 117, die zum Bali-Barat-Nationalpark gehört. Auf Lombok sind vor allem die vorgelagerten Inselchen Gili Trawangan, Gili Air und Gili Meno › S. 141 attraktive Tauchplätze. Auf Tauchferien sind dort folgende Hotels spezialisiert: **Hotel Alam Anda** in Sambirenteng › S. 132 und die **Mimpi Resorts** auf Menjangan › S. 117 und in Tulamben › S. 132, des Weiteren die **Vila Ombak** auf Gili Trawangan (Lombok) › S. 141. Viele Wassersportveranstalter in den Touristenzentren bieten Tauchkurse und -ausflüge:

Water Worx Dive Center [F4]
• Padang Bai | Tel. 081 33/851 10 56
www.waterworxbali.com

Deutsche Tauchschule Bali [F4]
• Padang Bai | Tel. 08 11/39 35 15
www.b-a-l-i.com

Bali Int. Diving Professionals [D5]
• Sanur | Tel. 03 61/28 50 65
www.bidp-balidiving.com

Bali Diving Academy [D5]
Zweigstelle auf Lombok.
• Sanur | Tel. 03 61/27 07 59
www.scubali.com

Dream Divers [a2]
Diverse Filialen auch auf Lombok.
• Senggigi | Tel. 03 70/69 37 38
www.dreamdivers.com

Surfen und Rafting

Anfänger auf dem Surfbrett stürzen sich am Kuta Beach in die Brandung, wo man Surfbretter mieten kann. Könner reiten die Wellen von Ulu Watu. Ein Riesenspaß für die ganze Familie (Kinder ab 8 Jahren) ist das Whitewater-Rafting auf dem Ayung River in Kedewatan bei Ubud. Wer einen Raftingtrip bucht, wird im Hotel abgeholt. **50 Dinge** (5) › S. 12.

Bali Adventure Tours [D5]
• Legian | Tel. 03 61/72 14 80
www.baliadventuretours.com

Sobek [D5]
• Sanur | Tel. 03 01/72 90 16
www.balisobek.com

Golf

Drei 18-Loch-Golfplätze inmitten herrlicher Landschaft gibt es auf Bali: **Golf and Country Club** in Nusa Dua › S. 76; der hoch über der Küste des Indischen Ozeans gelegene Nir-

Für jeden Urlaubstyp der richtige Strand

Kuta › S. 69 wirbt mit den höchsten Wellen und den meisten Kneipen. Hier trifft sich ein überwiegend jugendliches Publikum zum Baden und um die Nächte durchzutanzen. Die Nachbarorte **Legian** › S. 69 und **Seminyak** › S. 71 geben sich exklusiver. Seminyak ist Topspot für schicke Szenegänger, die sich gern in trendigen Bars sehen lassen. Wo Surfer, *beach boys* und Bikinischönheiten flanieren, sind Familien fehl am Platz. Diese ziehen **Sanur** › S. 67, die alte Dame unter den Strandorten, vor. Hier schützt ein Korallenriff die Bucht vor der Brandung. Nachteil: Bei Ebbe ist das Baden im Meer nicht möglich. Entspannend, aber wenig inspirierend ist **Nusa Dua** › S. 76 – und frei von Meeresströmungen und Schickeriafeten. **Jimbaran** › S. 74 punktet mit exklusiven Hotels und ist berühmt für seine Fischlokale und traumhaften Sonnenuntergänge. Eine verträumte Schöne ist **Candi Dasa** › S. 123 – wer einen breiten Sandstrand zum Urlaubsglück braucht, wird hier jedoch nicht glücklich. Eine Alternative im Osten ist **Padang Bai** › S. 125 mit dem Travellerflair der 1980er-Jahre, einem passablen Ortsstrand und zwei Traumstränden nebenan. Auch an den schwarzen Lavastränden des Nordens, in **Lovina** › S. 111 und **Pemuteran** › S. 117, gehen die Uhren noch langsamer. Schnorchelfreaks treffen sich hier bzw. am Strand von **Amed** › S. 132 in Ostbali oder auf den **Gilis** › S. 141 vor Lombok. **Gili Trawangan** ist berühmt als Partyinsel. **Senggigi** › S. 138 auf Lombok bietet gediegene Urlaubs-Infrastruktur und **Kuta** und **Tanjung Aan** › S. 142 feinsandige, (noch) menschenleere Strände.

Balinesische Hotels erfüllen höchste Ansprüche – bei passendem Geldbeutel

wana Bali Golf Club (www.nirwana baligolf.com), der von einem Golf-Magazin zum besten Golfplatz Asiens gekürt wurde. Und wer Wert auf Tradition legt, wählt den **Bali Handara Kosaido Country Club** in Bedugul › **S. 109**, der seit 1974 Golfer aus aller Welt anzieht. Im kühlen Bergland auf mehr als 1000 m Höhe fallen die Schläge besonders leicht und vermutlich ist der Platz nördlich des Bratan-Sees der einzige weltweit, der in einem erloschenen Vulkan liegt. Ein weiterer Anreiz: Golfen ist auf Bali vergleichsweise preiswert. Gastspieler sind nach Anmeldung willkommen, und die Ausrüstung kann ausgeliehen werden (www.golf-bali.com).

Wandern und Radfahren

Die spektakulärsten Wandergebiete sind zweifellos die Vulkane **Batur** › **S. 114** und **Agung** auf Bali und **Rinjani** auf Lombok › **S. 144**, die man im Rahmen von Tagestouren von den Ausgangspunkten Toya Bungkah bzw. Besakih aus erklimmen kann.

Gute Kondition und gutes Schuhwerk sind Voraussetzung. Mitnehmen sollte man Kälteschutz und für den Agung auch Proviant. Bergführer sind nicht vorgeschrieben, aber hilfreich (in den Losmen am Ausgangspunkt zu engagieren). Für die Tour zum Batur sollte man 4 bis 5 Std. Gehzeit einplanen, für die Besteigung des Agung mindestens doppelt so lange. Dschungeltrekking im kühlen Bergland des Gunung Batukaru, Reisterrassenwanderungen und Dorfspaziergänge gehören zum Programm vieler Agenturen. Geführte Wanderungen durch das Bergland und die umliegenden Gewürzplantagen bietet das Hotel Puri Lumbung bei Munduk › **S. 110** an. Wer keine Lust zum Klettern hat, kann sich auch auf ein Mountainbike schwingen. Der Tourveranstalter Bali Adventure Tours › **S. 30** verfügt über ein breites Angebot und langjährige Erfahrung. Fahrräder (auch Mountainbikes) können in vielen Hotels gemietet werden.

Workshops

Bali bietet Besuchern vielfältige Workshops, um tiefer in die Kultur einzutauchen: Das Agung Rai Museum of Art (ARMA) in Ubud veranstaltet Kurse für Tanz, Theater- und Gamelanmusik › S. 90. Auch Kochkurse kann man auf Bali belegen › S. 58. Mehrere Hotels bieten Yoga- und Meditationskurse › S. 100.

Unterkunft

Für die traumhaften Luxushotels und -resorts kann man in Bali pro Nacht gut und gern 400 US-$ und mehr ausgeben. Aber keine Bange, sollte die Urlaubskasse derartige Strapazen nicht vertragen, braucht man trotzdem nicht am Strand zu schlafen.

Wer keine großen Ansprüche stellt, findet in kleinen Pensionen (**Losmen, Guesthouses**) schon für wenige Euro ein Bett. In und um Ubud bessern viele Familien ihr Einkommen auf, indem sie Zimmer vermieten (**Homestays**), die in der Regel über einen Ventilator und fast immer über ein Badezimmer verfügen.

Hotels und **Resorts** der gehobenen Kategorie sind oft Perlen west-östlicher Architektur und Einrichtungskunst. Nach Bausünden in den 1960er-Jahren wurde es verboten über Kokospalmenhöhe hinaus zu bauen. Architekten begannen, einheimische Baumaterialien mit elegantem Design zu verbinden, aus diesem Mix entwickelte sich der gefällige balinesische Stil › S. 91. Eine Spezialität der Insel sind **Spa-Hotels** › S. 98.

In der Nebensaison sind die Preise oft verhandelbar. Günstige Angebote finden Sie auch im Internet auf den Websites www.baliguide.com, www.asiarooms.com und www.bali discovery.com.

Die schönsten Hotels unter 50 €

- **Honeymoon Guesthouse** – nettes Ambiente und gute Küche mitten in Ubud. › S. 94
- **Tegal Sari** – herrliches Plätzchen am Rande der Reisfelder in Ubud. › S. 94
- **Prana Dewi** – vollendete Ruhe inmitten von Reisfeldern an den Hängen des Pura Batukaru; die ideale Umgebung für Yogakurse. › S. 81
- **Rambutan Cottages** – sympathisches Familienhotel an der Nordküste; mit Spa, Meditation und mehr. › S. 112
- **Bayu Cottages** – kleines Idyll mit schönem Ausblick über dem Strand von Amed. › S. 132
- **Raja's Bungalows** – Charmante Anlage mit tropischem Garten und deutschsprachigem Vermieter in Senggigi/Lombok. › S. 139

Legong, Opfergaben und Nasi Goreng

Zum Ankunft der Götter nach Bali

Wer sicher gehen will, Bali im Festtagsgewand zu erleben, sollte vor der Reisebuchung einen Blick auf den Festkalender werfen. **Galungan** ist das größte Fest des balinesischen Jahres. (Da das balinesische Jahr nur 210 Tage währt, wird Galungan alle 210 Tage gefeiert.) **!** Zehn Tage lang feiert man überall die Ankunft der Götter auf Bali. Die Insel schmückt sich, und eine Zeremonie jagt die andere, bis an Kuningan die himmlischen Gäste wieder verabschiedet werden.

Die nächsten Galungan-Termine: 10. Februar 2016, 7. September 2016, 5. April 2017.

Am Nabel der Kultur

Der Kunstsammler Agung Rai, Hausherr des **Kunstmuseums ARMA** › **S. 90** in Pengosekan ist einer der wichtigsten Förderer balinesischer Kultur. Teil seines Förderprogramms ist kostenloser Tanzunterricht bei hochkarätigen Tanzlehrern für Kinder des Ortes. Besucher dürfen beim Unterricht zusehen. Mit verschiedenen Workshops ermöglicht das ARMA auch Urlaubern, selbst aktiv zu werden und so tiefere Einblicke in die balinesische Kultur zu gewinnen. Geboten werden Tanz- und Gamelankurse, Koch- und Batik-Workshops sowie Malkurse (Tel. 03 61/97 66 59, www. armabali.com/museum).

Urlaub in der Dorfgemeinschaft

Wer die Kultur und das Alltagsleben hautnah kennenlernen möchte, kann sich im Rahmen von »Homestay-Programmen« direkt bei einer balinesischen Familie mit Vollpension einquartieren.

Tradition haben die »Homestays« vor allem in **Ubud** › **S. 89** und Umgebung. Im Dorf **Mas** › **S. 84** gewährt die Brahmanen-Familie Ida Bagus Wedha in ihrem traditionellen Gehöft Gastfreundschaft. Bei dem Brahmanen, der eine bekannte Holzschnitzwerkstatt leitet, lernen Besucher Bali ganz untouristisch kennen, so beim gemeinsamen Marktbummel, bei religiösen Zeremonien oder beim Blick in den Familienkochtopf. Eine gute Mischung zwischen Hotel und Homestay ist das **Puri Taman Sari** bei Mengwi › **S. 79**, eine Stunde westlich von Ubud, inmitten von Reisfeldern gelegen. Agung Prana, einer der kreativsten Umweltschützer Balis, und sein Sohn kümmern sich persönlich um die Gäste (beides zu buchen über den Münchner Veranstalter Lotus Travel Service, www.lotus-travel.com).

Auch einige Hotels geben sich große Mühe, ihre Gäste in die Dorfgemeinschaften zu integrieren und fördern das Kulturverständnis durch Tanz- und Musikkurse, Sprach- oder Kochkurse. Sie arrangieren Begegnungen mit Heilern oder Wanderungen, die von Dorfbewohnern geleitet werden.

Im **Puri Lumbung** › **S. 110**, im Bergland von Bedugul, kann man tanzen und kochen lernen. Die Speisen werden mit den Gewürzen, die in den Plantagen der Umgebung gedeihen, zubereitet. Dorffrauen weisen in die Technik der Opfergabenherstellung ein und Einheimische führen Hotelgäste durch Gewürzplantagen und Reisfelder.

Heiraten auf Bali

Wer sich so richtig mit allen Sinnen in die Insel verliebt hat, der mag vielleicht wiederkommen, um den schönsten Tag seines Lebens auf Bali zu begehen und sich nach balinesischer Adat-Tradition das Ja-Wort zu geben.

Zahlreiche Hotels auf der Insel bieten Arrangements an – inklusive Hochzeitskapelle. Spezialveranstalter planen Ihre Hochzeit ganz nach Ihren Wünschen – vor reizvoller Tempelkulisse, am Strand, am Wasserfall, im Reisfeld oder in den Bergen (www.weddinginbali.com, www.baliweddinginternational.com oder www.balivwtour.com).

Das Herstellen von Opfergaben will gelernt sein

Religiöses Ritual? – Nein,
Obstverkäuferinnen auf Bali

LAND &
LEUTE

Steckbrief

- **Fläche:** 5561 km²
- **Lage:** 8° südlicher Breite, 115° östlicher Länge
- **Einwohner:** 4,2 Mio.
- **Bevölkerungsdichte:** im Inseldurchschnitt 701 Einw./km², im Süden über 1000 Einw./km² (Vergleich: Deutschland hat 231 Einw./km²)
- **Hauptstadt:** Denpasar (835 000 Einw.)
- **Landes- und Amtssprache:** Bahasa Indonesia und Bahasa Bali
- **Währung:** Indonesische Rupiah

- **Landesvorwahl:** 0062
- **Zeitzone:** MEZ + 7 Std. (während der europäischen Sommerzeit + 6 Std.)

Lage und Landschaft

Bali ist mit 5561 km² eine der kleineren unter den rund 17 500 Inseln des indonesischen Archipels, die wie Perlen auf einer Kette den Äquator umringen. Die Vulkankette, die schon Sumatra und Java durchzieht, setzt sich auf Bali fort. Die noch aktiven Vulkane Gunung Agung (3142 m) und Gunung Batur (1717 m) gelten als Göttersitze, schenken sie der Insel doch Fruchtbarkeit durch ihre mineralhaltigen Aschen. Vulkanischen Ursprungs sind auch die Bergseen, deren größte Batur- und Bratan-See sind. Sie speisen die Flüsse, die Zentral- und Südbali durchfließen und die unzähligen Reisfelder bewässern.

So klein die Insel auch ist, ihre landschaftliche Vielfalt ist erstaunlich: Üppige tropische Vegetation, Reisterrassen und Palmenhaine,

prägen Zentralbali und weite Teile des Inselsüdens. Die Halbinsel Bukit Badung ist hingegen sehr trocken. Charakteristisch sind auch die schwarzen Lavastrände im Norden, die dichten Wälder im Westen und das nebelverhangene Hochland sowie die kargen Landstriche im äußersten Osten der Insel.

Sprache

Bahasa Indonesia ist die offizielle Landessprache Indonesiens mit den mehr als 300 Volksgruppen in dem geografisch und kulturell zersplitterten Archipel. Muttersprache der Balinesen ist jedoch Balinesisch, das wiederum in zwei eigenständige Sprachen – Hoch- und Niederbalinesisch – zerfällt. Indonesisch ist heute Verkehrssprache. Englisch wird in Hotels und Touristenzentren gesprochen.

Politik und Staat

Seiner Verfassung nach ist Indonesien eine zentralistisch geführte Präsidialrepublik auf der Grundlage der Staatsdoktrin *pancasila*, die fünf *(panca)* Prinzipien *(sila)* zur Grundlage des Staates erklärt: den Glauben an einen alleinigen und allmächtigen Gott, Humanität, nationale Einheit, Demokratie und soziale Gerechtigkeit. Das Staatsmotto, das den Vielvölkerstaat zusammenhalten soll, ist einem javanischen Epos entnommen: *Bhinneka Tunggal Ika* – Einheit in der Vielfalt. Erst 1998, nach dem Rücktritt des Diktators Suharto, der Indonesien drei Jahrzehnte mit eiserner Hand regiert hatte, wurde ein Demokratisierungsprozess ins Rollen gebracht. Mehrere glücklose Präsidenten wechselten sich ab. Aufgrund von Unabhängigkeitsbewegungen in einigen Inselprovinzen drohte der Vielvölkerstaat Indonesien auseinanderzubrechen.

Erst Susilo Bambang Yudhoyono, der aus den Wahlen 2004 als neues Staatsoberhaupt hervorging, konnte dem Land Stabilität schenken. Nach Wiederwahl 2009 wurde er im Oktober 2014 von Joko Widodo abgelöst. Verwaltungsmäßig ist Indonesien in 27 Provinzen unterteilt, von denen Bali eine ist. Der Gouverneur mit Sitz in Denpasar untersteht dem Innenministerium in Jakarta.

Wirtschaft

Auf Bali sind nach wie vor drei Viertel der Bevölkerung in der Landwirtschaft tätig. Anbauprodukt Nummer eins ist Reis. Obwohl fruchtbare Böden und das günstige Klima auch Obst, Gemüse, Kokosnüsse und Gewürze im Überfluss gedeihen lassen, kann die Insel ihre wachsende Bevölkerung längst nicht mehr ernähren. Auch die Fischgründe sind fast leergefischt. Der Tourismus ist längst zum Devisenbringer Nr. 1 avanciert.

Viele Balinesen verdienen sich ein Zubrot im Tourismus: Sie vermieten Zimmer, Autos oder Motorräder, verkaufen bzw. fertigen Bali-Souvenirs. Jahr für Jahr strömen etwa 4 Millionen Besucher auf die Insel der Götter, und mit Russland und Ostasien wurden neue Besuchermärkte erschlossen. Auch Balis Kunsthandwerk, das ganze Dörfer beschäftigt, und die bescheidene Textilindustrie sind an den Tourismus gekoppelt. Strandkleidung, meist von Designern aus Industrieländern für den westlichen Geschmack entworfen, wird von Frauen zum Teil in Heimarbeit genäht und im In- und Ausland vermarktet.

Der Tourismus ist ein wichtiger Wirtschaftsfaktor

Geschichte im Überblick

Mitte des 3. Jahrtausends v. Chr. setzt eine erste Einwanderungswelle aus dem Gebiet des heutigen Südchina zu den indonesischen Inseln ein.

Frühes 10. Jh. Aus dieser Zeit stammen Zeugnisse des ersten schriftlich belegten Reiches auf Bali unter König Warmadewa mit dem Mittelpunkt Pejeng.

Ende des 10. Jhs. heiratet die ostjavanische Prinzessin Mahendradatta den balinesischen König Udayana.

Ende des 13. Jhs. gelangt in Java die Majapahit-Dynastie an die Macht. In Bali regiert die Pejeng-Dynastie.

Im 15. Jh., als der Islam auch Java erreicht, setzt der Verfall des dortigen Majapahit-Reiches ein. Die Elite flieht nach Bali, wo der Sohn des letzten Herrschers sich in Gelgel zum König von Bali ausrufen lässt. Er wird zum Begründer der Gelgel-Dynastie und nimmt den Titel Dewa Agung an. Auf dieser Grundlage entwickelt sich die heutige balinesische Kultur und Religion.

Im frühen 16. Jh. erreichen die ersten Europäer Südostasien. Das Interesse Spaniens und Portugals gilt zunächst den Gewürzen auf den Molukken.

1597 laufen die Holländer zum ersten Mal Bali an.

1602 gründen sie zur gezielteren Ausbeutung die Dutch East India Company.

Mitte des 17. Jhs. zerfällt die Macht des Dewa Agung und mehrere Fürstentümer erlangen ihre Selbstständigkeit. Der Dewa Agung bleibt jedoch der Ranghöchste unter den balinesischen Rajas. Der Regierungssitz wird aus religiösen Gründen nach Klungkung verlegt.

Die Felsencandis von Gunung Kawi

1799 übernimmt nach dem Bankrott der Dutch East India Company die holländische Regierung die Verwaltung über die indonesischen Inseln. Der Archipel wird Kolonie.

1846 landet die erste niederländische Militärexpedition in Nordbali. Wenige Jahre später wird in Singaraja der erste niederländische Regent eingesetzt.

1904 strandet ein chinesisches Schiff vor der Küste Balis und wird nach balinesischem Recht geplündert. Die Beschwerde der Chinesen liefert der Kolonialregierung den willkommenen Anlass zur Attacke.

1906 zwei Jahre danach zerstören die Holländer Badung (Denpasar). Die Bevölkerung flieht, aber 2000 Getreue versammeln sich zum Puputan (ehrenvollen Freitod). Das Ereignis wiederholt sich 1908 in Klungkung. Die Rajas werden entmachtet, bleiben aber wichtige Kunstmäzene.

In den 1930er-Jahren entdecken die Kolonialherren ihre Liebe zur balinesischen Kultur. Europäische und amerikanische Künstler wie Walter Spies, Rudolf Bonnet oder Vicky Baum kommen nach Bali.

17. August 1945 Sukarno verkündet die indonesische Unabhängigkeit. Die Niederländer kehren jedoch zurück, und vier Jahre lang toben auch auf Bali die Kämpfe.

1949 bestätigen die Holländer die Unabhängigkeit der Republik. Präsident Sukarno verlässt die westlichen Bündnisse und steuert Indonesien ins weltpolitische Abseits.

1965 entmachtet ein Putsch Präsident Sukarno: Nach offizieller

Weltkulturerbe – Balis Reisterrassen

Lesart wird ein Aufstand der Kommunisten von General Suharto zerschlagen. Es kommt zu blutigen Verfolgungen, die auch Bali nicht verschonen.

1968 General Suharto wird neuer Staatspräsident und regiert 30 Jahre mit eiserner Hand.

1998 Die tiefgreifende Wirtschafts- und Finanzkrise führt zu schweren Unruhen, die im Mai Suhartos Rücktritt erzwingen.

2002 Ein Bombenanschlag radikal-islamischer Terroristen in Kuta fordert rund 200 Todesopfer.

2004 Susilo Bambang Yudhoyono wird zum Staatsoberhaupt gewählt und 2009 in seinem Amt bestätigt.

2011 Auf Lombok wird der Bandara International Airport eröffnet.

2012 Die balinesische Reisterrassenkultur wird von der UNESCO zum Weltkulturerbe erklärt.

2014 Der Kandidat der Demokratischen Partei des Kampfes Indonesiens (PDI-P), Joko Widodo, wird zum Staatsoberhaupt gewählt.

2015 Im Juni stößt der Vulkan Mount Raung in Indonesien Aschewolken aus. Der Flughafen auf Bali muss vorläufig geschlossen werden.

Natur & Umwelt

Weite Teile Balis wurden schon vor Jahrhunderten kultiviert und von Menschen gestaltet. Der Reisanbau ist aus Bali nicht wegzudenken, vor allem die kunstvoll angelegten Nassreisfelder *(sawahs)* prägen das Bild.

Weitere Kulturpflanzen sind Kokospalmen, Kaffee, Erdnüsse, Gewürzpflanzen und -bäume wie Nelken, Zimt, Vanille und (im Bergland) Gemüse. Im Norden wird in bescheidenem Umfang sogar Wein angebaut. Im tropischen Bali gedeihen diverse Palmen- und Bambusarten, viele Blütensträucher, die Mitteleuropäer nur als Zimmerpflanzen kennen wie Frangipani, Weihnachtssterne, Bougainvilleen, außerdem zahlreiche Orchideengewächse und Obstbäume.

Nicht zu übersehen sind die riesigen Banyan- oder Waringin-Bäume *(Ficus bengalensis)* mit ihren mächtigen Luftwurzeln, oft Dorfmittelpunkt. Pandanussträucher und sogar Kakteen findet man auf der trockenen Halbinsel Bukit Badung im Süden. Monsunwälder, die einst die ganze Insel be-

SEITENBLICK

Ohne Fleiß kein Reis

Goldgelbe Ähren wiegen sich gestreichelt von *Dewi Sri* im Wind. Die Göttin wacht in Bali über die Fruchtbarkeit der Reisfelder. Tag für Tag wird sie von den Einwohnern mit Opfergaben gütig gestimmt, und sie bedankt sich, indem sie den Balinesen fruchtbare Böden und reiche Ernten schenkt. Der Reis wächst auf meist terrassierten Nassreisfeldern *(sawahs)*. Drei bis sechs Monate, je nach Sorte, vergehen von der Aussaat bis zur Ernte. In Keimbeeten wächst das Saatgut heran, bevor es in bewässerte Felder umgepflanzt wird. Während der gesamten Reifezeit muss das Feld unter Wasser stehen. Bäche und Flüsse werden dazu angezapft und das kostbare Nass mittels Wasserleitungen auf die Felder geleitet. Gute Böden und ein ausgeklügeltes, seit Jahrhunderten perfektioniertes Bewässerungssystem ermöglichen zwei bis drei Ernten im Jahr. So kann man nebeneinander liegende Reisfelder in unterschiedlichen Reifestadien bewundern.

Für die gerechte Aufteilung des Wassers und die Instandhaltung der Dämme sorgt eine Wasserbaugenossenschaft *(subak)*. Kurz vor der Ernte werden die Felder trockengelegt. Früher kappten Frauen mit einem kleinen Messer *(ani-ani)* Reishalm für Reishalm – die Klinge in der Hand versteckt, um *Dewi Sri* nicht zu ängstigen. Der Fortschritt nimmt aber auf religiöse Gefühle keine Rücksicht mehr. Die »Grüne Revolution« unter dem Ex-Diktator Suharto propagierte von den 1970er-Jahren an neue Reissorten mit hohem Ertrag. Sie sichern die Selbstversorgung Indonesiens mit Reis. Und so wird der traditionelle, heiß geliebte »Padi Bali«, ein wohlschmeckender Rundkornreis, immer seltener angebaut.

deckten, prägen heute nur noch den Westen Balis, von dem große Teile zum Nationalpark Bali Barat gehören.

Von den Großsäugern blieben nur Wildschweine und Rotwild übrig. Weit verbreitet sind Affen, Echsen (die der Echsenfamilie angehörenden Geckos sind als Insektenvertilger nützliche Mitbewohner vieler Hotelzimmer) und Schlangen. Seltene Vogelarten finden im Nationalpark ein Refugium. Die wichtigsten Haustiere sind das Hängebauchschwein *(babi)*, das hübsche, rehgesichtige Bali-Rind *(banteng)*, Hühner und Enten. Ein Paradies für Ornithologen ist der rund 700 km² große Bali-Barat-Nationalpark › **S. 118**, zu dem auch die vorgelagerte Insel Menjangan mit großartigen Tauchgründen gehört. Hier ist noch eines der letzten Refugien der vom Aussterben bedrohten Bali-Stare, auch bekannt als Rothschild-Minas.

Die Menschen

Das Volk der Balinesen wuchs aus verschiedenen ethnischen Gruppen zusammen, die zwischen 2500 und 1500 v. Chr. aus dem südchinesischen Raum einwanderten. Sie trafen dort auf die balinesische Urbevölkerung.

Heute leben die Bali Aga mehr oder weniger zurückgezogen in einigen wenigen Dörfern u. a. in Tenganan bei Candi Dasa › **S. 124** und hängen noch ihrer animistischen Naturreligion an, während die überwiegende Zahl der Balinesen eine balinesische Form von Hinduismus › **S. 45** praktiziert. Mit der Invasion des javanischen Majapahit-Reiches kam auch das Kastensystem nach Bali, das aber im Gegensatz zum indischen nur vier Kasten unterscheidet. Die jeweilige Kastenzugehörigkeit zeigt der Titel an. An der Spitze der Gesellschaftshierarchie stehen die Brahmanen (Priester) mit dem Titel Ida Bagus für Männer, Ida Ayu für Frauen, gefolgt von den Ksatrya (Hochadel, ehemalige Herrscherfamilien) mit dem Titel Anak Agung, Dewa oder Cokorde. Die Wesya (niederer Adel) tragen den Titel Gusti. Aber nur 3 % der balinesischen Hindus gehören einer dieser drei Kasten an, die auch unter der Bezeichnung Triwangsa zusammengefasst werden. Die große Mehrheit sind Sudra oder Jaba, also einfaches Volk.

In der balinesischen Gesellschaft rangiert die Familie bzw. Großfamilie an erster Stelle. Sie ersetzt wie in vielen anderen Ländern Ostasiens ein staatliches Schutznetz wie Sozialversicherung und Altersvorsorge. Familieninteressen gehen vor Selbstverwirklichung. Das Wohl der Familiengemeinschaft ist für das Wohl des Einzelnen genauso unverzichtbar wie die Familie selbst. Ein typisches Familienanwesen ist *kelod-kaja* ausgerichtet, das heißt, es liegt zwischen den kosmischen Polen: der Schlaf- und Wohnbereich bergwärts, die Wirtschaftshäuser und Ställe meerwärts, umgeben von einer Umfassungsmauer. Eine Schutzmauer hinter dem Eingang wehrt Dämonen ab. Um den Innenhof gruppieren sich die einzelnen Gebäude und *bale*, offene Pavillons, zu denen auch der Familienpavillon gehört, in dem die Durchgangsriten › **S. 56** gefeiert werden. Herzstück sind die Familien- und Ahnenschreine, heiligster Bereich der Familie und Stätte alltäglicher Opfergaben und Gebete.

Trotz unverkennbarer Einflüsse von Medien und Tourismus ist das Leben für den Großteil der jungen Generation noch in erstaunlich hohem Maß den Traditionen verpflichtet. Sie bestimmen den Familienalltag und sind Grundlage einer intakten Dorfgemeinschaft.

Religion

Bali ist (zusammen mit Westlombok) eine Enklave des Hinduismus im Land mit den meisten Muslimen der Welt. Hier lebt die einzig größere Hindugemeinschaft außerhalb des Ursprungslands Indien, auch wenn sich die Religion hier weit von ihren Wurzeln entfernte.

Nicht zufällig nennt man Bali auch »Insel der Götter und Dämonen« – Religion prägt das gesamte Leben. Das alltägliche Speiseopfer für Ahnen und Dämonen ist – genauso wie ein Hahnenkampf zu Beginn eines Tempelfestes oder der anmutige Tanz eines Mädchens – Ausdruck tiefer Religiosität.

Animismus, Ahnenkult, Kosmologie

Neben dem Hinduismus bilden auch Animismus und Ahnenkult das Rückgrat der balinesischen Religion. Die Verehrung von Ahnen und Naturgottheiten, von Geistern und Dämonen, aber auch exorzistische Praktiken wie Trancetänze oder Dämonenopfer gehen auf vorhinduistische Zeiten zurück ebenso wie die balinesische Kosmologie, deren Kenntnis unverzichtbar für das Verständnis der heutigen Hindu-Dharma-Religion ist. Die zahllosen täglichen Rituale dienen in erster Linie dazu, das Leben der Menschen mit dem Kosmos und seinen göttlichen Prinzipien in Einklang zu bringen.

Für die Balinesen ist ihre Insel ein Makrokosmos, in dem die Berge und der Raum darüber *kaja* die Sphäre der Götter darstellen, der Boden und der Raum darunter bzw. das Meer dagegen *kelod,* die Heimat der dunklen Mächte. Der heilige Berg Agung ist als Sitz Shivas der Mittelpunkt des Universums. Die Menschen leben in der mittleren Welt und die Straßenverbindungen der Dörfer, die Gehöfte und die Haustempel liegen alle auf einer imaginären Achse zwischen Berg und Meer. *Kaja* und *kelod* stehen aber auch für die Gegensätzlichkeit allen Seins. Himmel und Erde, Sonne und Mond, Tag und Nacht, Mann und Frau, Leben und Tod stehen einander gegenüber, aber sie bedingen einander auch.

Da die Welt des Menschen zwischen den kosmischen Polen liegt, ist es seine Aufgabe, die Harmonie zu wahren. So huldigt er Göttern und Dämonen gleichermaßen mit kleinen Opfergaben, die tagtäglich in mühevoller Kleinarbeit gefertigt werden. In einer kurzen innigen Zeremonie werden die liebevoll mit Blüten arrangierten Opfer den heiligen Ahnen im Haustempel, der Reisgöttin auf dem Feld oder im Garten und den Dämonen auf der Türschwelle oder an gefährlichen Straßenkreuzungen dargebracht.

Oberpriester gehören der höchsten Kaste, den Brahmanen, an

Hinduismus auf Balinesisch

Händler brachten den Hinduismus etwa zeitgleich mit dem Buddhismus schon in den ersten Jahrhunderten unserer Zeitrechnung nach Indonesien. Die Javaner vermischten ihn mit dem Buddhismus und mit einheimischen religiösen Vorstellungen. Diese »javanisierte« Form des Hinduismus fand im 10. Jh. durch die Heirat einer javanischen Prinzessin mit einem balinesischen König den Weg nach Bali. Unter dem Einfluss des uralten Animismus, des Glaubens an die Beseeltheit der Natur, und des Ahnenkultes entwickelte sich im Laufe der Zeit die Hindu-Dharma-Religion, zu der sich 93 % der Balinesen bekennen.

Neben ihrer Gesellschaftsordnung und ihrer Philosophie brachten die Inder ihre Götterwelt und Mythologie, vor allem die beiden Epen Ramayana und Mahabharata, nach Indonesien.

Das Triumvirat der obersten Hindugötter *(trimurti* oder *trisakti)* besteht aus dem Schöpfer Brahma, dem Bewahrer Vishnu und dem Zerstörer und Erneuerer Shiva, deren Symbolfarben (Rot für Brahma, Schwarz für Vishnu, Weiß für Shiva) man häufig in den Tempeln begegnet. Dewi Sri, die Wächterin über die Fruchtbarkeit und den Reisanbau, und Dewi Lakshmi, zuständig für Glück und Wohlstand, sind die Gattinnen Vishnus. Dewi Saraswati, die Ehefrau Brahmas, genießt als Göttin der Weisheit und der Literatur hohe Verehrung. Shivas Gattin Parvati schließlich erscheint in verschiedenen Manifestationen – als Todesgöttin Durga genauso wie als Liebesgöttin Uma. Daneben gibt es unzählige weitere Gottheiten. Doch all die vielen Götter sind lediglich Manifestationen ein und desselben Gottes: Sang Hyang Widi Wasa, das göttliche Prinzip.

Stünden die Balinesen allein unter dem Schutz der Götter und Ahnen, hätten sie das Paradies auf Erden, aber da sind noch die Mächte der Finsternis, denen die mondlosen Nächte gehören. Allen voran die *leyaks,* die losgelösten Seelen von Menschen, die sich schon zu Lebzeiten der schwarzen Magie verschrieben haben. Werden sie nicht genug besänftigt, können sie so manch bösen Streich spielen. Das Abbild des Sang Hyang Widi Wasa findet man sehr selten. Ob Dewi Sri eine Göttin von vielen oder eine Manifestation des einen großen Gottes ist, ist für den religiösen Alltag ohne Belang, umso bedeutender aber für die Eingliederung des balinesischen Hinduismus in die indonesische Verfassung: Der erste Grundsatz der Pancasila-Ordnung › **S. 39** verlangt nämlich für die Anerkennung einer Religion, dass sie den Glauben an ein einziges höchstes Wesen gebietet, heiße es nun Allah, Buddha oder Sang Hyang Widi Wasa. Der Buddhismus spielte auf Bali lange Zeit eine bedeutende Rolle. Heute hat Buddha hier den Status einer untergeordneten Hindugottheit, eines schützenden Hausgeistes.

Opfergaben und Reinigungszeremonien

Opfer und Reinigungszeremonien gehören zum religiösen Alltag der Balinesen. Opfer umfassen alles – vom Reiskorn bis zum kunstvoll gestalteten Speise- oder Tieropfer anlässlich eines Tempelfestes. Reinigungszeremonien können nur mit Hilfe eines Priesters vollzogen werden, der als Vermittler zwischen Menschen und Göttern gilt.

SEITENBLICK

Tempelknigge

Häufig zeigen Schilder vor dem Eingang eines Tempels den Touristen, wie man sich für den Tempelbesuch angemessen kleidet, um ihn betreten zu dürfen. Ohne den obligatorischen Tempelschal *(selendang),* der um die Taille gewickelt wird, gibt es keinen Zutritt. Man kann eine Schärpe vor größeren Tempeln ausleihen, aber bei den vielen Tempeln Balis ist es viel praktischer, man kauft einen *selendang* – und am besten auch gleich einen im Tempel gern gesehenen *sarong* (Hüfttuch) – auf dem Markt und ist so für die vielen Tempelbesuche immer gerüstet. Vor allem bei Festen ist auch der Sarong, um die Hüfte geschlagen, ein Muss.

Kein Tempel darf von Frauen während ihrer Menstruation betreten werden. Blut verunreinigt aus balinesischer Sicht den heiligen Ort und macht eine aufwändige Reinigungszeremonie erforderlich. Bei Tempelzeremonien und -festen ist *adat*-Kleidung erwünscht, die traditionelle Festkleidung nach dem Adat, dem ungeschriebenen Gesetz. Absolute Zurückhaltung, auch beim Fotografieren (Blitzen ist tabu!), ist strengstes Gebot. Verhalten Sie sich im Zweifelsfall wie die Gläubigen, knien Sie nieder, wenn diese auch knien, und erheben Sie sich auf keinen Fall über den Kopf eines Priesters.

Größte Verehrung kommt dem *Pedanda* oder Oberpriester zu, der aus der Brahmanenkaste stammt. Er leitet wichtige Zeremonien, weiht sein Leben aber sonst der Meditation und dem Studium heiliger Texte. Der alltägliche Tempeldienst dagegen – die Beaufsichtigung von Tempelfesten, die Austeilung des geweihten Wassers etc. – liegt in den Händen des *pemangku*, des Hilfspriesters, dessen Beruf an keine Kaste gebunden ist.

Opfergaben und Zeremonien gehören zum balinesischen Alltag

Kunst & Kultur

Bis heute gibt es nur wenig Berufskünstler, die meisten Balinesen sind nach wie vor Reisbauern. Doch in ihrer Freizeit sind viele nebenbei auch Tänzer, Gamelanspieler, Holzschnitzer oder Bildermacher – zur Freude der Götter, denn all diese künstlerischen Betätigungen waren in erster Linie »Götterdienst«, bevor sie auch verkäuflich wurden.

Der lässige junge Mann in Jeans, der eben noch auf dem Motorrad vorbei gebraust ist, taucht kurz darauf im traditionellen Sarong als Mitglied der Gamelangruppe des Banjar wieder auf; der Manager des kleinen Losmen in Ubud ist gleichzeitig ein begabter Maler – Bali gilt gemeinhin als die Insel der Künstler, umso erstaunlicher, dass es in der balinesischen Sprache den Begriff Künstler oder Kunst nicht gibt.

Buch-Tipp:

Lucien Leitess (Hrsg.): **Bali fürs Handgepäck.** Geschichten und Berichte - Ein Kulturkompass, Unionsverlag, Zürich 2014. Interessantes zu Geschichte, Glaubenswelt, Kunst, Kultur und Alltag auf Bali.

Architektur

Traditionelle Baukunst ist vor allem Tempelbaukunst. Bali wird oft als die »Insel der 10 000 Tempel« bezeichnet. Das ist nicht über-, sondern untertrieben, denn tatsächlich sind es wohl an die 20 000. Nicht mitgerechnet sind die zahllosen Familientempel mit ihren Ahnenschreinen. Jede Dorfgemeinschaft besitzt allein drei Haupttempel: Bergwärts, aber noch innerhalb der Dorfgrenze, liegt der *Pura Puseh*, der Ursprungstempel; im Dorfkern

Die Vielfalt balinesischer Tanzdramen

Die farbenfrohen Tänze und Tanz-dramen sind längst zu einem Wer-beträger für die Götterinsel gewor-den. Einige der Tänze wie das Barong-Drama sind uralt; viele ent-standen jedoch erst im 19. Jh. und ständig werden neue Choreografien geschaffen. Die Wurzeln des Tanz-theaters sind in der Religion zu fin-den. Heute sind aber die Grenzen zwischen Kunst und Unterhaltung fließend. Auch wenn der Charakter der Tänze zuweilen profan anmutet, so werden sie bei Tempelfesten als Opfergaben an die Götter darge-bracht. Balis Tanzkultur ist leben-diger denn je: Fast jedes Dorf hat eine eigene Tanztruppe und Dank der Einnahmen durch den Touris-mus kann man in neue Kostüme,

Masken und Ideen investieren. Eine authentische Tanzaufführung fin-det meist zu nachtschlafender Zeit und nur anlässlich von Festen meh-rere Stunden lang statt.

Doch auch die für die Besucher Balis zugeschnittenen Aufführun-gen haben in der Regel ein sehr ho-hes Niveau. Die Tänzer sind nahezu alle Amateure, haben aber trotzdem eine lange Ausbildung hinter sich. Künftige Legong-Tänzerinnen fan-gen mit fünf Jahren an zu lernen. Immer spezialisiert man sich auf einen Tanz, dessen hochkomplizier-tes Bewegungsrepertoire im indi-schen Tanz wurzelt und in der Regel festgelegt ist, auch wenn lustige Figuren über einen gewissen Im-provisationsspielraum verfügen.

Barong

Das bei Besuchern beliebte Tanzdrama gehört zu den exorzistischen Beschwörungsdramen aus animistischer Zeit und wird in den Dörfern auch heute noch in Krisensituationen zur Dämonenaustreibung aufgeführt. Thema ist der uralte Kampf zwischen Gut und Böse in Gestalt zweier Fabelwesen. Der von zwei Männern, meist mit Löwenmaske, dargestellte Barong, Vertreter der guten Kräfte, steht der bösen Hexe Rangda gegenüber. Eine Rahmenhandlung aus den indischen Epen leitet zum eigentlichen Zweikampf hin, in dessen Verlauf Rangda die Kris-Tänzer, die dem Barong zu Hilfe eilen, verhext, sodass sie ihre Dolche gegen sich selbst wenden. Barongs Zauberkraft verleiht den in Trance befindlichen Männern jedoch Unverwundbarkeit und kein Blut wird vergossen. Der Kampf endet letztlich unentschieden, denn Gut und Böse gehören zusammen wie Tag und Nacht.

Kecak und Feuertanz

Das monotone Ke-cak-ke-cak von 100 Männern in ihren schwarzweiß karierten Sarongs herausgestoßen, jagt dem Publikum Schauer über den Rücken. Die Männer formen einen Kreis, der die Tanzfläche bildet, auf der weitere Tänzer die Geschiche von Rama und Sita erzählen. Was so archaisch wirkt, ist einer der jüngeren Tänze Balis. Die Choreografie schuf Walter Spies für den Film »Insel der Dämonen«. Er entnahm den Männerchor einem uralten Beschwörungsritus, verband diesen mit Szenen aus dem Ramayana und schuf so einen der eindrucksvollsten Tänze.

Legong

Immer noch ist es der Traum fast jeden balinesischen Mädchens, eine berühmte Legong-Tänzerin zu werden. Früh beginnt diese Karriere und früh, nämlich mit Eintritt der Pubertät und dem damit verbundenen Verlust der Reinheit, ist sie wieder beendet. Nur bei Touristenaufführungen nimmt man es damit nicht so genau. Der Tanz entstand im vergangenen Jahrhundert an den Fürstenhöfen und erzählt die Geschichte einer Prinzessin, die sich verirrt, von einem König aufgenommen wird und sich seinen Annäherungsversuchen widersetzt. Dieser lieblichste unter den Frauentänzen ist ein Dauerbrenner.

Ramayana

Auch beim großen Hinduepos Ramayana, dessen Wurzeln bis weit vor unsere Zeitrechnung reichen, steht der Kampf zwischen guten und bösen Mächten im Mittelpunkt. Das Ramayana gehört in Indonesien zum Volksgut, seit es im 11. Jh. unter König Airlangga in die Volkssprache übertragen wurde, und es zieht sich durch das ganze balinesische Denken. Jedes Kind kennt seine Inhalte. In 24 000 Doppelversen erzählt es die Geschichte des edlen Rama, einer Inkarnation des Hindugottes Vishnu. Unterstützt von seinem Bruder Lakshmana und dem weisen Affen Hanuman trotzt er dem Prinzip des Bösen in

Gestalt des Dämonenherrschers Ravana. Zusammen befreien sie seine von seinem Gegenspieler entführte Gattin Sita, die in Süd- und Südostasien das Idealbild weiblicher Treue personifiziert.

Weitere Tanzdarbietungen

Da der Legong nicht abendfüllend ist, wird er meist eingebettet in ein Potpourri von Tänzen. Fast immer ist darunter der **Baris**, ein Männertanz, der die Tugend der balinesischen Krieger verherrlicht. **Kebyar duduk** ist noch ein junger Tanz, der die Probleme Heranwachsender thematisiert. Auch der Hummel-Tanz, **Oleg tambulilingan,** der vom Flirt eines Hummelpärchens erzählt, ist jüngeren Datums.

Den Abschluss einer Vorstellung bildet oft ein **Topeng**, ein Masken-

Die Anmut der Tänzerinnen zieht stets die Zuschauer in den Bann

tanz. Die Anzahl der Masken ist vielfältig, ein Favorit ist der **Orang tua,** die Maske des alten Mannes, dessen Unbeholfenheit liebe- und respektvoll aufs Korn genommen wird.

Der **Joged Bumbung** gilt hingegen als der einzige balinesische Gesellschaftstanz. Eine Tänzerin lockt mit einem Fächer junge Männer auf die Tanzfläche und animiert sie zum Mitmachen.

Orte und Termine

Ubud bietet die meisten Tanzaufführungen, Infos: Ubud Tourist Information › **S. 91.** Karten gibt es in Hotels und im Straßenverkauf bei den Veranstaltungsorten. Von vielen Hotels Südbalis organisieren Veranstalter Touren zu den Aufführungen.

- **Barong**
  Batubulan: tgl. 9.30–10.30 Uhr
  Ubud: Puri Saren, Fr 18.30–20 Uhr;
  ARMA, Fr 18 Uhr
- **Kecak**
  Ubud: Padang Tegal/Pura Taman Sari,
  So 19–20.30 Uhr;
  Pura Dalem, 19.30 Uhr
  Batubulan: tgl. 18.30–20 Uhr
  Pura Ulu Watu: tgl. 18–19 Uhr
- **Feuertanz**
  Bona: Mo, Mi, Fr, So 19 Uhr
  Batubulan: tgl. 18.30 Uhr
- **Legong**
  Peliatan: Fr 19.30–21 Uhr
  Ubud: Pura Dalem, Sa 19.30–21 Uhr;
  Puri Saren, Mo, Sa 19.30–21 Uhr
- **Ramayana-Ballett**
  Ubud: Puri Saren, Di 19.30 Uhr
- **Wayang Kulit**
  Ubud: Pondok Bambu, Do 19.30 Uhr

Pura Desa, der Dorftempel und seewärts, unweit des Verbrennungsplatzes *Pura Dalem*, der Unterweltstempel, eine dem Zerstörer und Erneuerer Shiva und seiner Gemahlin Durga, der Totengöttin, geweihte Kultstätte. Darüber hinaus gibt es u. a. *Banjar*- und *Subak*-Tempel, die Reichstempel der alten Fürstengeschlechter und Staatstempel. Unterscheiden sie sich auch in ihrer Bedeutung, so haben sie doch alle mehr oder weniger die gleiche kulti-

Gespaltenes Tempeltor

sche Funktion. Im balinesischen *pura* (Tempel) trifft man sich weder zum individuellen Gebet noch zum gemeinsamen Gottesdienst. Nur an besonderen Feiertagen erwachen die Tempel zu Leben, wenn die Götter zu Besuch kommen. Dann wird der Tempel festlich geschmückt und die Gläubigen strömen mit Opfergaben hin. Ziehen die Götter weiter, dann wird es wieder still – bis zum nächsten Fest.

Auch der Aufbau aller Tempel ist grundsätzlich gleich. Das von einer Umfassungsmauer geschützte Tempelareal gliedert sich meist in drei von Mauern unterteilte und durch Tore zugängliche Höfe. Man betritt das Heiligtum durch das meerwärts gelegene gespaltene Tor *(candi bentar)*, das die Zweiteilung des Kosmos, die Dualität menschlichen Daseins versinnbildlicht. Der sich dahinter öffnende äußere Hof *(jaba sisi)* ist Versammlungsort und symbolisiert die irdische Sphäre. Hier werden bei Tempelfesten die Opfergaben zubereitet und zu Beginn eines Festes die obligatorischen Hahnenkämpfe veranstaltet. Außerdem befinden sich in diesem Hof mehrere sogenannte *bale*, seitlich offene Ruhepavillons, und häufig auch eine hölzerne Signaltrommel *(kulkul)* auf einem Turm oder ein Banyan-Baum.

Zum mittleren Hof *(jaba tengah)* führt das reich ausgeschmückte gedeckte Tor *(kori agung)*, das von steinernen Wächterfiguren *(raksasa)* flankiert wird, die den Einlass begehrenden Dämonen das Fürchten lehren sollen. Als doppelte Absicherung liegt hinter dem Durchgang oft noch eine Mauer *(aling aling)*, an der die Bösewichter abprallen, da sie nach Auffassung der Balinesen nicht um die Ecke gehen können.

Der mittlere Hof, der den Gläubigen für den Weg in das Allerheiligste vorbereiten soll, beherbergt eine größere Versammlungshalle sowie mehrere Pavillons zur Aufbewahrung der Gamelaninstrumente und des Kultgeräts für die Priester. Das letzte Tor gewährt Einlass in den dritten Hof *(jeroan)*. Der innerste Bereich des Heiligtums gehört den Göttern. Die vieldachigen Pagoden *(merus)*, die den Weltenberg *Mahameru*, den Sitz der Götter, symbolisieren, fallen sofort ins Auge. Der Rang des Gottes, dem der betreffende Meru geweiht ist, bestimmt die Zahl seiner Dächer *(tumpang)*. Seinem Rang entsprechend ist die Elf-Dächer-Pagode allein Gott Shiva vorbehalten.

Die Tore sind die architektonisch aufwändigsten Teile der Tempel. Sie symbolisieren die Übergänge von der einen in die nächste Existenz. Wichtigster Teil des dritten Hofes ist der mit seiner Rückseite dem Gunung Agung zugewandte steinerne Lotosthron *(padmasana)*, auf dem bei Tempelfesten Shiva in seiner Gestalt als Sonnengott Surya Platz nimmt. Im Jeroan (dritten Hof) findet man außerdem einen *bale* (Pavillon) für das Aufstellen der Speiseopfer und mindestens einen geschlossenen Schrein, in dem die heiligsten Tempelreliquien wie Lontarbücher, Kris oder Masken aufbewahrt werden – es sei denn, sie sind zur Diebstahlsicherung an einen geheimen Ort ausgelagert.

Steinmetzkunst

Rangdas lange Zunge oder die scharfen Krallen Kalas begegnen Besuchern in vielen balinesischen Tempeln. Skurriles und Groteskes sind die Spezialität der balinesischen Steinmetze, deren Fantasie keine Grenzen zu kennen scheint. Während im Süden klassische Strenge dominiert, stößt man im Norden auf barocke Üppigkeit. Wirklich alte Steinmetzarbeiten sind allerdings selten, abgesehen vom Pejeng-Gebiet in Zentralbali, denn der weiche Sandstein und der vulkanische Tuffstein, aus dem die Skulpturen, Reliefs und Schreine gemeißelt sind, verwittern wegen der hohen Luftfeuchtigkeit schnell. Bald sind sie vom Grün der Moose und Flechten überwuchert und werden ohne Sentimentalität durch neue ersetzt, die den Göttern ebenso gefallen. Das Zentrum der Steinmetzkunst ist Batubulan › **S. 82**.

Holzschnitzerei

Einst wurden Pfosten, Schreine und Dachstürze von Tempeln und Palästen mit Reliefs und Ranken überzogen, bunt angemalt oder vergoldet. Die Holzschnitzerei auf Bali war traditionell eine objektgebundene Kunst, die sich nur sehr zögerlich von der Architektur löste. Freie Skulpturen beschränkten sich in der Regel auf kunstvolle Masken. Da den Masken magische Kräfte zugesprochen werden, werden sie noch heute von priestergleichen Schnitzern angefertigt. Ähnlich wie in der Malerei ermunterten Europäer die balinesischen Holzschnitzer zu individuellem Kunstschaffen, beispielsweise kleinere Schnitzereien, die ins Reisegepäck von Touristen passen. In Südbali haben sich ganze Dörfer auf Holzschnitzkunst spezialisiert. Kostbare Masken und Möbel werden im Brahmanendorf Mas › **S. 84** hergestellt. Auf dem Markt in Sukawati › **S. 84** und entlang der Straße von Celuk nach Pengosekan kann man holzgeschnitzte und bunt bemalte Bali-Souvenirs wie dekorative Holztiere sowie hübsche Spiegel- und Bilderrahmen in allen Größen erstehen.

Schmiedekunst

Die Kunst des Gold- und Silberschmiedens hat in Bali eine lange Tradition. Ein Besuch in den Werkstätten und Läden Celuks › S. 83, dem Dorf der Gold- und Silberschmiede, lässt nachvollziehen, wie kunstvoll die Geschmeide der fürstlichen Damen früher waren. Heute kann man in den zahlreichen Schmuckläden Celuks zeitgemäßere Pretiosen kaufen.

Stoffkunst

Während Schnitzen, Schmieden und Malen noch immer in männlichen Händen liegt, ist die Stoffkunst die Domäne der Frauen. Besonders

Ubud ist das Zentrum der Malerei

kunstvoll sind die von Gold- und Silberfäden durchwirkten Songket-Stoffe für Festtagssarongs. Ikat-Webereien sind in ganz Indonesien zur Kunst erhoben worden, aber nur im balinesischen Dorf Tenganan › S. 114 pflegt man noch die Technik des Doppel-Ikat. In vielen Geschäften sind Batiken erhältlich, die stammen aber von der Nachbarinsel Java. Die bunten Sarongs, die man in den Touristenorten und auf Märkten kauft, sind ein beliebtes und vielseitig verwendbares Bali-Souvenir. **50 Dinge** ㊴ › S. 16.

Malerei

Ursprünglich bemalten die Balinesen Leinwandbänder, die entlang der Dachkanten von Tempeln aufgehängt wurden, oder rechteckige Tücher zum Schmuck der Paläste. Der Wayang-Stil war die einzige bekannte Maltechnik, so genannt, weil die Figuren zweidimensional und im Dreiviertelprofil nach dem Vorbild der Schattenspielfiguren dargestellt wurden. Die Themen der Malereien entstammten immer der Mythologie. Nach der Ankunft der holländischen Kolonialherren blieben die Aufträge aus den Fürstenpalästen aus, die Malerei auf der Insel erreichte einen Tiefpunkt.

In den 1930er-Jahren setzte jedoch eine künstlerische Revolution ein, an der europäische Zivilisationsflüchtlinge, allen voran der deutsche Maler Walter Spies, maßgeblich beteiligt waren. Unter seinem und dem Einfluss des holländischen Malers Rudolf Bonnet begannen junge Künstler mit modernen Materialien aus Europa zu experimentieren. Stoffe und Naturfarben wurden von Papier und Leinwand bzw. von Öl- und Temperafarben abgelöst. Die Bilder erhielten Perspektive, sie wurden gerahmt und signiert. Erstmals entstanden statt der üblichen Gemeinschaftsarbeiten individuelle

Wayang Kulit (Schattenspiel)

Werke, die neben religiösen überwiegend alltägliche Themen illustrieren. Einen Überblick über die Malerei in Bali und ihre Geschichte bieten die Museen und zahlreichen Galerien von Ubud › **S. 89.**

Wayang Kulit

Das Spiel mit den flachen, kunstvoll aus Büffelleder gestanzten Puppen (*wayang* = Schatten, *kulit* = Haut oder Leder) diente in vorhinduistischer Zeit als kultische Handlung für die Kontaktaufnahme mit den Ahnen. Nach Ankunft des Hinduismus bestimmten Szenen aus dem Ramayana- und Mahabharata-Epos › **S. 45** die Handlung, die sich bis heute ungebrochener Beliebtheit erfreuen. Wayang Kulit ist nicht einfach nur Unterhaltungstheater, sondern ein magisches Ritual zur Wiederherstellung der kosmischen Ordnung. Schattentheater werden fast ausschließlich anlässlich besonderer Feste gezeigt. Mit einem Mann steht und fällt die Aufführung: Der *dalang,* weit mehr als ein Puppenspieler, hat den Rang eines Priesters und eine lange Ausbildung hinter sich. Er bewegt nicht nur die Puppen, deren Schatten durch eine Lampe auf die Leinwand geworfen werden, sondern spricht auch selbst alle Rollen. Mit Improvisationstalent legt er seinen komischen Figuren auch die eine oder andere politische Anspielung oder Dorfklatsch in den Mund, denn Götter wie Menschen wollen ab und zu etwas zu lachen haben.

Gamelanmusik

Gamelanklänge begleiten die Tanz- und Theateraufführungen und sind Bestandteil aller Feste. Fast jedes balinesische Dorf besitzt ein eigenes Gamelanorchester, dessen Instrumente gemeinsam angeschafft und im *bale gong* aufbewahrt werden. In der Regel spielen 30 bis 40 Männer, obwohl seit einiger Zeit auch Frauenorchester von sich reden machen. Auf die wichtige Rolle der Schlaginstrumente deutet schon der Name *gamel* was im Altjavanischen Hammer bedeutet. Im Mittelpunkt des Orchesters stehen die großen Trommeln *(kendang);* daneben erklingen Metallophone *(gender),* Xylophone *(gambang),* Cymbeln und Gongs verschiedener Größe, bei manchen Orchestern auch Bambusflöten *(suling).* Die Musiker improvisieren nicht, sie spielen aus dem Gedächtnis, da eine Notenschrift nicht bekannt ist.

Feste & Veranstaltungen

Tagelang dauern die Vorbereitungen, Tempel werden geschmückt, Dorfstraßen mit gebogenen Bambusstangen (*penjor*) gesäumt, die den heiligen Berg symbolisieren.

Dann ertönt dreimal der dumpfe Klang der *kulkul*-Trommel – die Götter sind angekommen. Sie erweisen dem Tempel die Ehre ihres Besuchs. Frauen und Männer tragen ihre bunten Festtagssarongs. Die Frauen balancieren ihre hoch aufgetürmten Opfergaben auf dem Kopf, um sie vom Priester segnen zu lassen, Männer bereiten derweil in der Tempelküche das Festmahl aus dem Fleisch geopferter Tiere zu, ein Gamelanorchester ergötzt den göttlichen Besuch mit seinem Spiel. Bis in die frühen Morgenstunden dauern die Tanz- und Theateraufführungen. Ein kleiner Jahrmarkt vor den Tempeltoren wird von Kindern belagert, während sich die Mädchen im heiratsfähigen Alter, die die kleinen *warungs* (Imbissstände) betreuen, über die willkommene Kontaktchance mit den herbeigelockten Verehrern freuen.

Balinesen feiern leidenschaftlich und viel. Tatsächlich vergeht kaum ein Tag, an dem nicht irgendwo auf der Insel ein Tempelfest begangen wird. Angesichts der stattlichen Anzahl der Tempel verwundert es nicht, dass das **Odalan-Fest** am häufigsten begangen wird: Alle 210 Tage, berechnet nach dem balinesischen *pawukon*-Kalender, feiern die Angehörigen eines Tempels, sei es das Dorf, die Gemeinde oder nur eine Familie, den **!** Jahrestag der Tempelweihe. Inselweit begangen wird **Galungan** › S. 34, das zur Erinnerung an den Sieg über einen despotischen Dämonenfürsten gefeiert wird. Man begrüßt aus diesem Anlass die Götter und heiligen Ahnen auf der Erde, die am zehnten und letzten Tag des Festes – Kuningan – wieder verabschiedet werden.

Neben dem Pawukon-Kalender gibt es noch einen weiteren, nach dem die balinesischen Feste berechnet werden, den *saka*-Kalender. Nach diesem wird der Termin für das **Nyepi-Fest**, das balinesische

Erst-klassig

Die interessantesten Feste und Festivals

- **Galungan & Kuningan**: Wenn die Götter zu Besuch kommen, zeigt sich die ganze Insel im Festschmuck. › S. 34
- **Odalan**: Jeder der zahlreichen Tempel feiert einmal im balinesischen Jahr Geburtstag. › S. 55
- **Nyepi**: Balinesisches Neujahr, Tag der Stille. › S. 55
- **Bali Arts Festival**: Das Tanzprogramm des jährlichen Festivals beweist: Balis Kultur lebt! › S. 78
- **Ubud Writers Festival**: Treffpunkt von Autoren aus aller Welt (www.ubudwritersfestival.com).

Rituale für Leben und Tod

Neben den Festen der Dorfgemeinschaft spielen die sogenannten Durchgangsriten eine wichtige Rolle. Sie begleiten das Leben eines Balinesen von der Geburt bis zum Tod. Schon während der Schwangerschaft werden dem Embryo erste Opfer gebracht. Gleich nach der Geburt werden seine Schutzgeister, die »vier Geschwister des Neugeborenen« (als solche werden Nabelschnur, Plazenta, Blut und Fruchtwasser angesehen), vergraben. Nach einem halben balinesischen Jahr (105 Tage) findet das Fest der ersten Erdberührung statt. Am ersten Geburtstag erhält das Kind vom Priester seinen Namen. Traditionell beim Eintritt in die Pubertät findet die **Zahnfeilungszeremonie** statt, die heute aus Kostengründen oft mit der Hochzeitsfeier zusammengelegt wird. Das Abschleifen der Eck- und Schneidezähne soll das Dämonenhafte nehmen und die Leidenschaften zügeln. Die schmerzhafte Prozedur wird heute oft nur noch symbolisch durchgeführt.

Das wichtigste Fest für einen Balinesen findet jedoch nach seinem Tod statt. Da der Tod nichts Endgültiges bedeutet, sondern nur ein Übergang in eine andere Daseinsform, ist die **Verbrennung** extrem wichtig für den Verstorbenen, da erst diese den erstrebten Übergang ermöglicht. Mehr als jede andere Zeremonie ist sie sehr kostspielig. Deshalb sind Friedhöfe voll mit »vorläufig« Begrabenen. Hat man das notwendige Geld beisammen, errechnet der Priester den günstigsten Termin. Sodann werden ein Verbrennungsturm und ein Tiersarkophag Auftrag gegeben. Verwandte und Bekannte reisen an, der Tag der Verbrennung beginnt mit einem Festmahl. Die sterblichen Überreste werden auf dem Turm platziert und dieser zum Verbrennungsplatz getragen. Dort werden die Knochen in den Sarkophag umgebettet und dieser entzündet. Die Asche wird als unreiner Teil dem Meer übergeben. Die Seele aber ist nun frei für die nächste Existenz!

Neujahrsfest bestimmt. Am Vortag des Neujahrstages bringt man den Mächten der Unterwelt reiche Opfergaben dar, um sie aus ihren Verstecken zu locken. ❗ Nachts ist dann ganz Bali auf den Beinen, um die Dämonen mit Krachmachern aller Art und Monstern aus Pappmaschee zu verjagen. Am nächsten Tag ruht die Insel, niemand verlässt das Haus und abends bleiben die Häuser dunkel, damit eventuell zurückkehrende Dämonen im Glauben, die Insel sei unbewohnt, wieder abziehen. Auch Touristen dürfen an diesem Tag das Hotel nicht verlassen!

Essen & Trinken

Ein Bummel über den Nachtmarkt von Denpasar oder Singaraja stimmt die Nase auf die Köstlichkeiten der indonesischen Küche ein.

Das Aroma von frisch gebrutzelten Spießchen oder gebratenen Bananen mischt sich mit dem würzig-süßlichen Duft der Kretek, der indonesischen Nelkenzigaretten. Und auf den Bänken vor den mobilen Garküchen, den *warungs*, lassen es sich die Einheimischen schmecken.

Slow Food für die Götter

Essen auf Bali bedeutet zunächst einmal Reis essen – traditionell morgens, mittags und abends, dabei immer mit der rechten (reinen) Hand! Die Seele der balinesischen Küche sind *bumbus*, Gewürzpasten – höllisch scharf und

Herrlich duftende Gewürzpasten bereichern die balinesische Küche

Spanferkel vom Grill gehört zu den balinesischen Festgerichten

paradiesisch duftend. Chilischoten, Ingwerwurzeln und ihre gelblichen Verwandten Kurkuma (Gelbwurz), Galanganwurzel, der nach Kampfer duftende Kencur, Salamblätter und Zitronengras werden im Mörser zerstoßen und verleihen Fleisch, Fisch und Geflügel ein köstliches Aroma.

Im balinesischen Alltag ist Essen Nebensache, man snackt sich durch den Tag. Nur an Festtagen – wenn es gilt, den Göttern den Besuch auf Erden schmackhaft zu machen – verwandeln sich die Männer der Dorfgemeinschaft in Starköche, die in den Tempelküchen Schweine schlachten, Kokosnüsse raspeln und ganze Gewürzberge im Mörser zerstoßen. So waren es auch Ausländer, die die ersten balinesischen Restaurants eröffneten.

Immer häufiger tauchen balinesische Gerichte auf den Speisekarten auf, die früher hauptsächlich aus Klassikern indonesischer oder indo-chinesischer Prägung bestand wie *soto ayam* (Hühnersuppe), *gado-gado* (gedünstetes Gemüse mit Erdnusssauce) oder *satay* (Fleischspießchen über dem Holzkohlefeuer gegrillt). Zu den balinesischen Festgerichten gehören jedoch Leckerbissen wie *bebek betutu*, in Bananenblättern gedünstete Ente,

SEITENBLICK

Kochkurse

Liebhaber balinesischer Küche können in einigen Hotels und Restaurants Kochkurse belegen, um Satay-Spieße auf balinesische Art und andere Klassiker zukünftig auch am heimischen Herd nachkochen zu können. Die Qualität der Kurse ist schwankend, zumal oft gar nicht balinesische, sondern indo-chinesische Allerweltsgerichte auf dem Kursplan stehen. Empfehlenswert sind die Kurse im Bumbu Bali (› S. 77, Tel. 03 61/77 45 02, www.balifoods.com), in der Casa Luna Cooking School in Ubud (› S. 95, www.casalunabali.com) oder im Restaurant Seasalt des Hotels Alila, Manggis (Ostbali, › S. 124).

Buch-Tipps: Sri Owen, **Die indonesische Küche**, München 2009. Die berühmte indonesische Kochbuchautorin verrät ihre Lieblingsrezepte, darunter auch einige aus Bali – garniert mit Erzählungen ihrer kulinarischen Entdeckungsreisen im Inselstaat. In balinesischen Buchhandlungen erhältlich ist **Bali unveiled – The Secrets of Balinese Cuisine**, Singapore 2008. Der Schweizer Koch und Kochbuchautor Heinz von Holzen eröffnete mit dem »Bumbu Bali« das erste balinesische Restaurant mit angegliederter Kochschule › S. 77.

und *babi guling* (Spanferkel). Schließlich ist auf Bali das Hängebauch-schwein zu Hause, und Schweinefleisch wird – im Gegensatz zu den muslimischen Regionen Indonesiens – auf Bali gern gegessen. Eine Spezialität aus Lombok ist *ayam bakar taliwang,* scharf gewürztes geröstetes Hühnchen, das auch in einigen balinesischen Lokalen serviert wird. *Selamat makan –* Guten Appetit!

Für trockene Kehlen

Zum Essen trinken die Balinesen meist Wasser oder heißen Tee, der im Tropenklima gerade tagsüber dem – wenn auch leichten – einheimischen Bier vorzuziehen ist. Aber keine Angst, passionierte Bier- und sogar Weintrinker müssen nicht darben. Letztere haben auf Bali sogar die Wahl zwischen (teuren) Importweinen und einheimischem Wein, der an der Nordküste angebaut wird. Und in Kutas Szenekneipen schlürft man Margaritas und Caipirinhas. Eine interessante Aperitif-Variante ist ein *brem* (Reiswein), und als Digestif ist der daraus destillierte Branntwein *(arak)* einen Versuch wert. Ein ausgezeichneter und köstlicher Durstlöscher ist der frische Saft einer grünen Kokosnuss, der auch bei einer Magenverstimmung hilft.

Fruchtiges und Süßes

Zum Nachtisch greift man vorzugsweise in den tropischen Obstkorb: also neben Mangos auch Exotisches wie Salak (Schlangenhautfrucht), Rambutan, Jackfruit und die fruchtigen Mangosteen, vielleicht die Götterfrucht Durian, von der man sagt, sie stinke wie die Hölle und schmecke wie der Himmel.

Wer Appetit auf gehaltvollere Süßspeisen hat, bestellt schwarzen Reispudding mit Kokosmilch *(nasi hitam)* oder gebratene Bananen *(pisang goreng).*

> **! Erst-klassig**

Leckere Küche und tolles Ambiente

- **Ayam Bakar** in Kuta – javanische Küche und javanisches Ambiente unter Balinesen genießen. › S. 71
- **Métis** in Kerobokan – französische Küche am Reisfeld. › S. 72
- **Seafood-Lokale** am Jimbaran Beach – mit den Füßen im Sand superfrische Meeresfrüchte schlemmen. › S. 76
- **Bumbu Bali** im Tanjung Benoa Hotel – balinesische Küche vom Feinsten. › S. 77
- **Ibu Okas Warung** in Ubud – Spanferkel à la Bali. › S. 95
- **Mozaic** in Ubud – Fusion-Cuisine für Feinschmecker. › S. 94
- **Warung Enak** in Ubud – Edel-Warung mit Lieblingsgerichten aus ganz Indonesien. › S. 95
- **Damai** in Lovina – Gourmet-küche mit Ausblick. › S. 111
- **Bali Asli** in Amlapura – authentisch balinesische Küche mitten im Reisfeldgrün. › S. 124

Kunstvoll angelegte
Reisterrassen bei Mengwi

TOP-TOUREN & SEHENS-WERTES

SÜDBALI

Kleine Inspiration

- **Ein hübsches Bali-Outfit** in den schicken Boutiquen von Kuta erstehen › S. 71
- **Sich in einem** der Szenespots in Kuta oder Seminyak unters Partyvolk mischen › S. 71, 73
- **Den flotten Wellenreitern** am Surferstrand auf der Halbinsel Bukit Badung zusehen › S. 74
- **Am Strand von Jimbaran** den Sonnenuntergang und Seafood genießen › S. 74
- **Den Kecak-Tanz** am Ulu-Watu-Tempel erleben › S. 74
- **Einen Kokoscocktail** mit Ausblick auf die wilde Küste bei Tanah Lot schlürfen › S. 82

Wer das Baden in den Mittelpunkt seiner Urlaubsreise stellt, ist im Inselsüden goldrichtig. Für jeden Badetyp gibt es ein perfektes Plätzchen. Kunst und Kultur der Region erlebt man ganz nebenbei.

Ist der Badeort Sanur ein Evergreen bei den reiferen Jahrgängen, so zieht Kuta vor allem eine junge, lebenslustige Klientel an. Seminyak ist passend für schickes Publikum jenseits der 30. Nusa Dua, Tanjung Benoa und Jimbaran sowie die Badeorte auf der trockenen Halbinsel Bukit Badung wenden sich an ein Publikum, das bereit ist, für mehr Komfort mehr zu bezahlen. Im Süden liegt auch die Inselhauptstadt Denpasar. Sie ist die einzige Großstadt Balis. Man sollte ihren Museen wenigstens einen Kurzbesuch widmen. Schon allein der quirlige Markt, der abends zum Nachtmarkt wird, lohnt die kurze Fahrt von den Badeorten im Süden.

Balis reiche Kultur und Kunst kann man am besten auf Fahrten ins Inselinnere, vor allem nach Ubud, entdecken, und diese Tour mit dem Besuch des Bali Bird Park bei Singapadu und mit Schauen, Staunen, Shoppen in den Kunsthandwerksdörfern Batubulan (Barong-Tanz und Steinmetze), Celuk (Silberschmiede) und Mas (Holzschnitzerei) verknüpfen.

Touren in der Region

 Tour 1

Jimbaran und die Halbinsel Bukit Badung

Route: Südbali (Badeorte) › Jimbaran › Pura Ulu Watu › Padang Padang › Jimbaran

Karte: Seite 65
Länge: ca. 35 km (ab Kuta), ca. 45 km (ab Sanur)
Dauer: ½–1 Tag, Fahrzeit ca. 3 Std.
Praktische Hinweise:
• Für diese Tour empfiehlt sich ein Mietwagen, am besten mit Fahrer.

• Geübte Radfahrer können die Tour auch mit dem Fahrrad (3–4 Stunden) unternehmen.
• Die Kecak-Tanzaufführung vor dem Tempel beginnt tgl. nach Sonnenuntergang ab 18 Uhr.

Tour-Start:

Die Tour führt von **Sanur** **1** oder **Kuta** **2** über die trockene, vegetationsarme und sonnengegerbte Halbinsel Bukit Badung ganz im Süden Balis. Wer früh aufbricht, kann den

Das Meeresheiligtum Tanah Lot

Restaurantbesitzern und Hausfrau-en auf dem Fisch- und Gemüsemarkt von **Jimbaran** **5** › S. 74 beim Feilschen zusehen (ab 4 Uhr morgens).

Auf gut ausgebauter Straße erreicht man nach etwa 20 km das Meeresheiligtum **Ulu Watu** **6** › S. 74, das hoch über den Klippen thront. Unten vor den Klippen liegen traumhaft schöne Surferstrände wie Padang-Padang, wo Julia Roberts mit Javier Bardem das Happy End für den Film »Eat, Pray, Love« drehte. Ein Erlebnis ist der Kecak-Tanz am Ulu-Watu-Tempel täglich gleich nach Sonnenuntergang. Zum Finale dieser Tour kehrt man in einem der Seafood-Lokale ein.

Tempeltour

Route: **Südbali (Badeorte)** › **Denpasar** › **Mengwi** › **Pura Batukaru** › **Jatiluwih** › **Tanah Lot** › **Südbali (Badeorte)**

Karte: Seite 65
Länge: ca. 150 km
Dauer: 1 langer Tag, Fahrzeit ca. 7 Std.
Praktische Hinweise:
• Da es bei Dunkelheit zurückgeht, ist ein Wagen mit Fahrer unbedingt dem Selbstfahren vorzuziehen.

Tour-Start:

Die landschaftlich reizvolle Tour führt vom Meer ins Inselinnere Richtung Berge. Auf dem Weg liegen drei höchst unterschiedliche Tempel: Der Pura Taman Ayun in Mengwi gehört zu den schönsten Heiligtümern Balis. Dagegen gibt sich Pura Luhur am Fuße des Batukaru-Vulkans sehr geheimnisvoll. Höhepunkt dieser Tour ist das Meeresheiligtum von Tanah Lot bei Sonnenuntergang. Gleichzeitig vermittelt dieser Ausflug (Start am frühen Morgen und Rückkehr nach Einbruch der Dunkelheit!) erste Eindrücke von den malerischen Reisterrassen und der reizvollen Berglandschaft Balis.

Erste Station ist die Hauptstadt **Denpasar** **9** › S. 77 und ihr lebhafter Markt. Kulturinteressierte besuchen das Bali-Museum › S. 68. Auf der Fahrt in Richtung Osten zweigt nach ca. 15 km, kurz vor Tabanan, die Straße nach Norden zum zweithöchsten Berg Balis, dem Batukaru (2276 m), ab.

Sie fahren zunächst geradeaus und erreichen nach 2 km Mengwi und die zweite Station auf dieser Tour: den **Pura Taman Ayun** **10** › S. 79, die zweitgrößte Tempelanlage Balis. Zurück am Abzweig geht es nun weiter nach Norden. Hoch oben am Südhang des Vulkans liegt das eindrucksvolle und ziemlich verlassene Tempelheiligtum **Pura Luhur Batukaru** **11** › S. 80. Ein lohnenswerter, aber kurvenreicher Abstecher bei Wongayagede führt zu den **Reisterrassen von Jatiluwih** **12** › S. 81.

Spätestens gegen 16 Uhr sollte man sich aber wieder auf der gleichen Strecke südwärts wenden und kurz vor Kediri auf die Stichstraße nach **Tanah Lot** **13** › S. 81 einbiegen, um dort den meerumspülten Felsentempel vor dem Hintergrund ei-

Touren in Südbali

Tour 1

Jimbaran und die Halbinsel Bukit Badung

Südbali (Badeorte) › Jimbaran › Pura Ulu Watu › Surferstrände Padang Padang › Jimbaran › Südbali (Badeorte)

Tour 2

Tempeltour

Südbali (Badeorte) › Denpasar › Mengwi › Pura Batukaru › Jatiluwih › Tanah Lot › Südbali (Badeorte)

Tour 3

Straße der Kunsthandwerker

Südbali (Badeorte) › Batubulan › Celuk › Bird Park › Sukawati › Mas › Ubud › Südbali (Badeorte)

Am Sanur Beach

nes magischen Sonnenuntergangs zu erleben, bevor es wieder via Denpasar in die Badeorte zurück geht (Rückfahrt ca. 1 bis 2 Stunden).

Straße der Kunsthandwerker

**Route: Südbali (Badeorte) ›
Batubulan › Celuk › Bali Bird Park
› Sukawati › Mas › Ubud › Südbali**

Karte: Seite 65
Länge: ab Kuta ca. 60 km, ab Sanur ca. 50 km
Dauer: 1 Tag, Fahrzeit ca. 2–3 Std.
Praktische Hinweise:
- Diese Tour lässt sich am besten mit einem Mietfahrzeug mit oder ohne Fahrer durchführen.
- Ähnliche Touren kann man auch pauschal inklusive Barong-Aufführung in vielen Hotels und bei Veranstaltern buchen.

Tour-Start:

Von den Badeorten im Süden geht es zunächst nach **Batubulan** 14 › **S. 82**, dem Dorf der Bildhauer und Steinmetze. Dort beginnt täglich um 9.30 Uhr eine Barong-Aufführung › **S. 49**, die Sie nicht verpassen sollten.

Im nächsten Ort **Celuk** 15 › **S. 83** kann man durch die zahlreichen Silberschmiedewerkstätten streifen und in den kleinen Läden schönen Schmuck kaufen. Ein Abstecher nach **Singapadu** führt in den sehenswerten **Bali Bird Park** 16 › **S. 83**.

Zum Shoppen verführt auch der Markt in **Sukawati** 17 › **S. 84**, im Angebot sind u. a. Kunst und Antiquitäten. In **Mas** 18 › **S. 84** fertigen talentierte Holz- und Maskenschnitzer dekorative Möbel und kunstvolle Masken. Das Endziel dieser Tour ist **Ubud** › **S. 89**, das kulturelle Herz Balis. Nach dem Besuch einiger Galerien oder eines Kunstmuseums in Ubud kehren Sie zurück an die Küste im Süden.

Unterwegs in Südbali

Sanur [D5]

Künstler, darunter der belgische Maler Le Mayeur, erkoren in den 1930er-Jahren das einst beschauliche Fischerdorf unweit der Inselhauptstadt Denpasar zum internationalen Treffpunkt. **50 Dinge** ⑨ › **S. 15**. Und die deutsch-amerikanische Schriftstellerin Vicky Baum machte Sanur zum Schauplatz ihres spannenden Romans »Liebe und Tod auf Bali«. Einige Dekaden später läutete der Bau des Bali Beach Hotels am Strand von Sanur die Ära des Massentourismus auf Bali ein. Der hässliche Betonklotz machte zum Glück nicht Schule. Bald wurde ein Gesetz erlassen, nach dem Hotels nicht höher sein dürfen als Kokospalmen.

Heute ist Sanur die große alte Dame unter den balinesischen Urlaubsorten – ein bisschen in die Jahre gekommen, aber bestens gepflegt und nach wie vor attraktiv. Ein idealer Standort für alle, die Ruhe, den Komfort renommierter Hotels und eine perfekte touristische Infrastruktur schätzen. Der rund vier Kilometer lange Strand ist feinsandig, aber schmal. Ein Korallenriff schützt die Bucht und macht Sanur zum Familienparadies. Die Brandung ist so zahm, dass auch die Jüngsten hier gefahrlos planschen können. **50 Dinge** ⑧ › **S. 12**. Die andere Seite der Medaille: Bei Ebbe sinkt der Wasserstand auf Badewannenniveau. Ein attraktiver Neuzugang in Sanur ist die Strandpromenade.

Auch wer die Strandliege ab und zu verlassen und mehr von der Insel sehen möchte, trifft mit Sanur eine gute Wahl. Die schönsten Punkte der Insel zwischen Ubud und Batur-Vulkan, den Tempeln von Tanah Lot und Besakih kann man gut in Tagesausflügen erkunden. Auch die Halbinsel Nusa Penida und die Insel Nusa Lembongan › **S. 84** sind von Sanur per Boot zu erreichen.

Hotels

Fairmont Sanur Beach Bali €€€
Großzügige Anlage mit luxuriöse Suiten und Villen in einem blühenden tropischen Garten mit 50-Meter-Infinity-Pool, Spa mit balinesischen Massagen und Kids-Club am Strand mit großem sportlichen Angebot.
• Jalan Kusuma Sari 8 | Sanur
  Tel. 03 61/3 01 18 88
  www.fairmont.com/sanur-bali

Puri Santrian €€€
Schickes Lounge-Restaurant am Strand mit Livemusik. In der offenen Küche wird japanisch und italienisch gekocht.
• Jl. Cemara 53 | Sanur
  Tel. 03 61/28 80 09
  www.santrian.com

Tandjung Sari €€€
Eines der ersten Boutiquehotels der Insel, nur durch die Promenade vom Strand getrennt. Für alle, die Stil und Ruhe statt Fun-Programm suchen.
• Jl. Danau Tamblingan 41
  Sanur | Tel. 03 61/28 84 41
  www.tandjungsarihotel.com

Segara Village €€–€€€
Sympathische Anlage, wahlweise
Zimmer und Bungalows in Strandnähe
im großen Garten.
• Jl. Segara Ayu | Sanur
  Tel. 03 61/28 84 07
  www.segaravillage.com

Hotel La Taverna €€
Viel balinesisches Flair in bester Lage –
ein perfekter Platz für Romantiker.
• Jl. Danau Tamblingan 29
  Sanur | Tel. 03 61/28 84 97
  www.latavernahotel.com

Respati Beach Hotel €€
Kleine Zimmer, aber sympathische
Anlage mit Pool in guter Strandlage.
• Jl. Danau Tamblingan 33
  Sanur | Tel. 03 61/28 84 27
  www.respatibeachhotel.com

Puri Mango Guesthouse €
Gutes Preis-Leistungs-Verhältnis und
familiäre Atmosphäre, kleiner Pool,
5 Minuten vom Strand.
• Jl. Danau Toba 15
  Sanur | Tel. 03 61/28 12 93
  www.purimango.com

Restaurants
The Village €€–€€€
Pizza, Pasta & viel mehr. Italienische
Küche in schickem Ambiente, zentral
gelegen.
• Jl. Danau Tamblingan 66
  Sanur | Tel. 03 61/28 50 25
  www.thevillage-bali.com

Charming €€
Stilvolles Gartenlokal mit internationa-
len Fleisch- und Fischgerichten.
• Jl. Danau Tamblingan 97

Sanur | Tel. 03 61/8 19 48
www.charming-bali.com

Kayu Manis €€
Das elegante Kayu Manis liegt versteckt
in einer Seitenstraße, ist aber schon lange kein Geheimtipp mehr. Hier lässt man
sich Seafood und gehobene Fusion-Küche zu vernünftigen Preisen schmecken.
Frühzeitig reservieren!
• Jl. Tandakan 6 | Sanur
  Tel. 03 61/28 94 10

Massimo €€
Holzofenpizza, Pasta, feines Seafood
und sehr leckeres Gelato.
• Jl. Tamblingan 228
  Sanur | Tel. 03 61/28 89 42
  www.massimobali.com

Mezzanine €€
Stylisches Restaurant im Hotel Puri
Santrian, in dem die feinen Aromen der
Thaiküche und der Minimalismus japa-
nischer Küche im Mittelpunkt stehen.
Manchmal wird Livemusik gespielt.
• Jl. Cemara 35 | Sanur
  Tel. 03 61/28 80 09

Balinesische Warungs €
Auf dem Abschnitt zwischen Bali Hyatt
und Puri Santrian wird vor allem am
Wochenende in mobilen Garküchen flei-
ßig gebrutzelt: authentisch balinesische
Küche zum kleinen Preis. **50 Dinge** ⑯
› S. 13.

Nightlife
Jazz Bar & Grille
Im Pub-Restaurant fühlen sich auch
reifere Jahrgänge wohl. Jazz in allen
Varianten. Am Wochenende spielen oft
indonesische Jazzstars live.

• Jl. Bypass Ngurah Rai | Sanur
  Tel. 03 61/28 58 92

Shopping

Uluwatu
Balinesische Spitze und Bettwäsche
sowie leichte Sommermode.
• Jl. Danau Tamblingan | Sanur
  www.uluwatu.co.id

Kuta 2 [D5] und Legian 3 [D5]

Braungebrannte Surfer knattern mit
ihren Motorrädern, das Surfbrett
lässig unter den Arm geklemmt,
zum nächsten Aussie-Pub, wo das
eisgekühlte Foster's-Bier schon wartet. ❗ Kuta Beach, der lebhafte
Strandort an der Südküste, ist ein
Dauerbrenner und längst mit dem
Nachbarort Legian zusammengewa-
wachsen. Seit Jahrzehnten zieht er
Australier in Scharen und vor allem

ein junges Publikum aus aller Welt
an. Kein Wunder – der Strand ist
lang, breit, feinsandig und berühmt
für legendäre Sonnenuntergänge.
Nur die Brandung gibt sich recht
ungestüm, was wiederum die Surfer
freut, die hier eine perfekte Infrastruktur vorfinden.

Am Strand ist eine Rundumver-
sorgung gesichert: Hartnäckige fliegende Händler preisen unablässig
Massagen, Batik-Bikinis, Schmuck
oder Kokosnüsse an. Die samt-
äugigen balinesischen *beach boys*,
die sehnsuchtsvoll blonde Strand-
schönheiten anschmachten, gehören ebenfalls zum Bild. **50 Dinge** ㉔
› **S. 14**.

Gab es in Kuta früher fast nur
Billigunterkünfte, so findet man
heute Hotels in allen Preisklassen
und in großer Zahl. Pauschal kann
man Kuta schon längst buchen,
doch finden auch Individualisten
noch Nischen. Die Nächte sind lang

Nightlife in Kuta

und laut, und abends weisen grelle Neonreklamen entlang der Hauptstraße Jalan Raya Legian den Weg durchs Nachtleben. Wenn zwischen Bar und Beach noch Zeit bleibt, ist ein Shopping-Marathon angesagt. Langeweile hat also keine Chance!
50 Dinge ㉞ › S. 15.

Info
Tourist Information Centre
• Jl. Bana Sari 7 | Legian
  Tel. 03 61/75 40 92

Hotels
Legian Beach €€€
Traditionshotel, direkt am Strand zwischen Kuta und Legian, familienfreundlich. Gute Wahl sind die Bungalows.
• Jl. Melasti | Legian
  Tel. 03 61/75 17 11
  www.legianbeachbali.com

Die buntesten Märkte

• Der Fisch- und Gemüsemarkt in **Jimbaran** ist sehr authentisch, aber nur etwas für Frühaufsteher. › S. 74
• An den Ständen auf dem Markt in **Pasar Badung** (Denpasar) stapeln sich Früchte, Gemüse und Gewürze in allen Farben. › S. 79
• Souvenirs und Kunsthandwerk zu günstigen Preisen bietet der Art Markt in **Sukawati**. › S. 84
• Gewürze, Obst und Blumen und dazwischen auch schönes Kunsthandwerk findet man auf dem Markt in **Candi Kuning**. › S. 109

Poppies Cottages €€
Ein Klassiker mit viel Bali-Flair und eine Oase der Ruhe mitten im Kuta-Rummel.
• Jl. Segara Batu Bolong
  (Poppies Lane 1–2) | Kuta
  Tel. 03 61/75 10 59
  www.poppiesbali.com

The Sari Beach €€
Gepflegte und schattige kleine Anlage am Strand von Legian.
• Jl. Padma Utara | Tel. 03 61/75 16 35
  Legian | www.saribeachinn.com

Three Brothers Inn €–€€
Ein Klassiker, Zimmer unterschiedlicher Kategorien von einfach bis zum komfortablen Bungalow im tropischen Garten, in Strandnähe und mit Pool.
• Legian | Tel. 03 61/75 15 66
  www.threebrothersbungalows.com

Un's Hotel €
Große Zimmer und Bungalows, strandnah gelegen, beliebt bei Familien; Pool.
• Jl. Benesari 16 (Gang Lusa) | Kuta
  Tel. 03 61/75 74 09
  www.unshotel.com

Restaurants
Kori €€
Intern. Küche in balinesischem Ambiente, ein Ruhepool im Verkehrsrummel.
• Poppies Lane | Kuta
  Tel. 03 61/75 86 05
  www.korirestaurant.co.id

Mades Warung €€
Seit 25 Jahren eine Institution. Von 8–24 Uhr der Platz zum Sehen und gesehen werden. Multi-Kulti-Speisekarte.
• Jl. Pantai | Kuta | Tel. 03 61/75 52 97
  www.madeswarung.com

Ayam Bakar €–€€

Hier speisen Großfamilien oder Freundescliquen in javanischem Ambiente. **!** Gebratenes Hühnchen und andere javanische Spezialitäten.

- Jl. Raya Kuta 87 | Kuta
  Tel. 03 61/76 34 87
  www.wongsolokuta.blogspot.de

Warung Indonesia €

Tolle Auswahl an Nasi Campur. Hier essen viele Einheimische.

- Jl. Poppies Lane II | Gang Ronta
  Kuta | Tel. 03 61/75 56 61

Nightlife

Hard Rock Café

Das Programm ist bekannt, die Massen stehen dennoch jeden Abend Schlange. Regelmäßig Livemusik.

- Jl. Raya Pantai | Kuta
  Tel. 03 61/75 25 29
  www.hardrock.com/cafes/bali/

Bounty

Disco-Klassiker mit mehreren Tanzflächen auf den Decks einer Kopie des legendären Segelschiffs. Musik für fast jeden Geschmack.

- Jl. Legian | Kuta | Tel. 03 61/75 25 29
  www.bountydiscotheque.com

Shopping

Batik Keris

Besonders schicke Batik-Kleidung in der Discovery Shopping Mall.

- Jl. Kartika Plaza | Kuta
  Tel. 03 61/76 97 56
  www.batikkeris.co.id

Animale

Sommermode für die »over 30s«, die dem Batik-Look entwachsen sind.

- Kuta Square | Kuta
  Tel. 03 61/75 55 24

Milo's

Designermode für Sie und Ihn.

- Kuta Sqare, Block E1 | Kuta
  www.milos-bali.com

Rascals

Hochwertige Batik-Bademode, die garantiert bis zur nächsten Saison hält.

- Kuta Square D6 und Jl. Legian 86
  Kuta

Seminyak/ Kerobokan 4 [D5]

Der Topspot für Szenegänger: Seminyak präsentiert sich schicker als Kuta und Legian und ist entsprechend teuer. Als hier das Oberoi-Hotel Ende der 1970er-Jahre seine Pforten öffnete, lag es einsam und abgeschottet am schönen breiten Strand und profilierte sich als idealer Rückzugsort für Promis wie Mick Jagger & Co. Heute trifft man in Seminyak auf ein trendiges Publikum, dem Kuta zu laut ist. Tagsüber aalt man sich auf den Strandliegen oder stöbert in den Shops junger Modedesigner, abends **!** schlürft man zum berühmten Sonnenuntergang die erste Caipirinha in einer der angesagten Bars, bevor man weiterzieht in die Feinschmecker-Restaurants. **50 Dinge** (15) › S. 13.

Für authentisches Bali-Flair sorgt mittendrin der **Pura Petitenget**, einer der wichtigsten Tempel im Süden Balis, der häufig Ziel farbenfroher Prozessionen ist. Und wem es in Seminyak zu voll ist, der zieht weiter nordwärts nach **Kerobokan**, wo noch viel Platz ist.

Hotels

Tugu Bali €€€

Traumhaft schönes Wellnesshotel, eingerichtet mit Antiquitäten. Perfekte Erholung am einsamen Strand garantiert.

- Jl. Pantai Batu Bolong | Canggu
  3 km nordwestlich von Kerbokan
  Tel. 03 61/4 73 17 01
  www.tuguhotels.com

Erst-klassig

Die besten Strände

- **Kuta/Seminyak [D5]** – endlos langer Strand mit grandiosen Wellen und berühmten Sonnenuntergängen. › **S. 69, 71**
- **Jimbaran Beach [D5]** – der perfekte Platz, um in einem der vielen kleinen Strandlokale in frischem Fisch zu schwelgen und magische Sonnenuntergänge zu genießen. › **S. 74**
- **Strand des Karma Kandara auf der Bukit Badung [D5/6]** – per Fahrstuhl zum weißen Sandstrand unterhalb der Klippen rauschen und relaxen. › **S. 75**
- **Amed [F3]** – zwischen bunten Riff-Fischen schwimmen. › **S. 132**
- **Blue Lagoon [F4] bei Padang Bai** – verträumtes Plätzchen im stillen Inselosten. › **S. 126**
- **Gili Trawangan [a1]** (Lombok) – tagsüber perfekt zum Beachen, Baden und Schnorcheln, abends Partyzone. › **S. 141**

The Legian €€€

Logenplatz am Seminyak-Beach und im Restaurant das Beste aus Ost und West.

- Jl. Kayu Aya | Seminyak
  Tel. 03 61/73 06 22
  www.ghmluxuryhotels.com

Resor Seminyak €€–€€€

Das angenehme Mittelklassehotel punktet mit Top-Strandlage und gutem Preis-Leistungs-Verhältnis.

- Jl. Kayu Aya | Seminyak
  Tel. 03 61/73 08 14
  www.theseminyak.com

Raja Gardens €

Kleines Hotel mit 6 Bungalows, großem Garten und Pool, eine Minute vom Strand entfernt.

- Jl. Abimanyu | Seminyak
  Tel. 03 61/73 04 94
  jdw@eksadata.com

Restaurants

Métis €€€

Hervorragende französische Küche am Reisfeld serviert, **!** Champagner als Apéritif und Crème Brûlée als süßes Finale, und natürlich feine Weine.

- Jl. Petitenget 6 | Kerobokan
  Tel. 03 61/473 78 88
  www.metisbali.com

Chez Gado Gado €€–€€€

Tolles Seafood mit Fusions-Akzenten, traumhafter Sonnenuntergangsblick.

- Jl. Dhyana Pura 99 | Seminyak
  Tel. 03 61/73 69 66
  www.gadogadorestaurant.com

La Lucciola €€

Szene-Spot mit italienischer Küche in traumhafter Lage am Strand.

Ku De Ta Lounge Bar am Strand von Seminyak

• Jl. Oberoi | Seminyak
Tel. 03 61/73 08 38

La Plancha €€
Fischlokal direkt am Strand. Top-
Location zum Sonnenuntergang, wenn
man mit dem Sundowner in der Hand in
den Sitzkissen am Strand versinkt.
• Jl. Dhyanapura | Seminyak

Nightlife
**The Hu'u Bar und Nutmegs
Restaurant** €€€
Nach würziger Fusion-Cuisine locken
kühle Drinks in der Chill-Out-Bar oder
ein Sprung in den Restaurant-Pool, wei-
ße »Schlummerwolken« auf dem Rasen
fungieren als Relaxinseln.
• Jl. Oberoi | Petitenget | Kerobokan
Tel. 03 61/73 64 43
www.huubali.com

Ku De Ta
Ob zum Frühstück, zum Sundowner oder
zur Late-Night-Party – die In-Location
am Strand von Seminyak.
• Jl. Kayu Aya 9 | Seminyak
Tel. 03 61/73 69 69 | www.kudeta.net

Potato Head Beach Club
Eleganter, aber fröhlicher Beach Club
mit Daybeds und Gazebos. Feine Cocktails, gepflegte Elektromusik.
• Jl. Petitenget | Seminyak
Tel. 03 61/4 73 79 79
www.ptthead.com

Shopping
Warisan
Antiquitäten, moderne Möbel (eigene
Herstellung), Heimtextilien und Wohnaccessoires – alles exklusiv und ge-
schmackvoll, hat aber seinen Preis.
• Jl. Raya Kerobokan 38 | Kerobokan
www.warisan.com

Niluh Djelantik
Tolles Schuhdesign made in Bali, hier
sollen auch Hollywoodpromis shoppen.
• Jl. Raya Kerobokan 144 | Kerobokan

Möbelwerkstätten
Darf es ein Himmelbett im Bali-Stil
oder ein antiker Teakholztisch sein?
Ob alt oder neu, barock oder minimalistisch – in den Möbellagern nördlich von Seminyak, entlang der Jl.

Kerobokan, werden alle fündig. Die Verschiffung der Einkäufe wird organisiert.

Aktivitäten

Day Spa Jari Menari
Wer sich einmal so richtig durchkneten lassen möchte, ist bei den »Tanzenden Fingern«, wie Jari Menari übersetzt heißt, goldrichtig.
• Jl. Raya Basangkasa 47
Seminyak | Tel. 03 61/73 67 40
www.jarimenari.com

Jimbaran und die westliche Bukit Badung 5 [D5/6]

Die sichelförmige Bucht »am Flaschenhals« der Halbinsel **Bukit Badung** wurde erst spät für den Tourismus entdeckt, das verhinderte den Wildwuchs. **50 Dinge** ② › **S. 12.**

Jimbaran [D5]

Heute ist das alte Fischerdorf eine Hochburg des gehobenen Pauschaltourismus. Die Zahl der Hotels, die fast alle der Luxuskategorie angehören, ist überschaubar geblieben. Im Dorf hinter dem Strand nimmt das bunte balinesische Alltagsleben nach wie vor seinen Lauf: █ Ein Erlebnis für Frühaufsteher ist der **Fischmarkt,** wo frisches Meeresgetier direkt an den Koch gebracht wird. Auf dem lebhaften Gemüsemarkt gibt es zwischen Bergen von Obst, Gemüse und Gewürzen allerhand zu entdecken. Hier sind die Balinesen meist unter sich. Abends verwandelt sich der Strand in ein riesiges Freiluftrestaurant. Mit den Füßen im Sand genießen Einheimische wie Urlauber fangfrischen Fisch und Meeresfrüchte, während die untergehende Sonne den Himmel in alle Rotschattierungen färbt. **50 Dinge** ⑲ › **S. 14.**

Die Surferstrände ⭐

Im Südwesten der Bukit-Halbinsel haben sich eine Handvoll besonders exquisiter Hotels angesiedelt, so die festungsähnliche Promiherberge Bulgari Resort oder das luftige Karma Kandara. In den Traumbuchten zwischen diesen Nobelherbergen tummelt sich jedoch ein ganz anderes Publikum – hier ist das Paradies der Surfer, die an Stränden wie **Padang-Padang** und **Balangan** [D6] ideale Bedingungen für den Ritt auf den gewaltigen Wellen vorfinden. Hier kann man sonnenbaden, chillen oder einfach nur zuschauen. Zum Übernachten gibt es nur einfache Losmen. Natürlich ist das alles zu schön, um Idyll zu bleiben. Die Baukräne sind schon vorgefahren. So bekam der **Dreamland Beach,** lange Lieblingsstrand der Bali-Szene, eine hässliche Betonkulisse verpasst. █ Nach wie vor ein Augenschmaus: der Bilderbuchstrand zu Füßen des Karma Kandara, zu dem man per Aufzug hinabsaust.

Pura Ulu Watu 6 [D6]

Ein javanischer Hindumissionar soll hoch über den Klippen von Ulu Watu Erleuchtung erlangt haben. Heute thront hier ein Tempel, der zu den wichtigsten Inselheiligtümern zählt. Ähnlich wie Tanah Lot an der Südwestküste erbitten die Balinesen hier Schutz gegen die Dä-

Surfer am Dreamland Beach

monen des Meeres. Das Allerheiligste darf nur von Hindugläubigen betreten werden, aber von außerhalb kann man den herrlichen Anblick genießen. **50 Dinge** ㉕ › **S. 14**.

Die Tempelaffen sind lästig und diebisch (Brillen gut festhalten!), der Auftritt von Affengeneral Hanuman & Co. beim Kecak-Tanz gegenüber vom Tempel Ulu Watu ist dennoch unbedingt sehenswert (› **S. 49**, tgl. bzw. in der Nebensaison dreimal pro Woche 18–19 Uhr).

Hotels

Jimbaran Puri Bali €€€
Bungalows im balinesischen Stil kombiniert mit minimalistischem Design. Der perfekte Platz für Honeymooner.
- Jimbaran Beach | Jimbaran
  Tel. 089 93/15 28 14
  www.jimbaranbali.com

Karma Kandara €€€
Traumvillen über den Klippen in Alleinlage. Wer nicht ein halbes Monatsgehalt für die Übernachtung ausgeben will,

kann sich für einen etwas geringeren Betrag im herrlichen Spa (der letzte Schrei: die Infrarot-Sauna mit Meerblick) verwöhnen lassen oder **!** am wohl schönsten Strand Balis relaxen (Fahrstuhlgebühr für Besucher).
- Jl. Villa Kandara
  Kusuma | Ungasan
  Tel. 03 61/8 48 22 00
  www.karmakandara.com

Mimosa Jimbaran Boutique Hotel €€–€€€
Fast noch ein Geheimtipp, weil sich die eleganten Villen des kleinen Hotels mit hübschem Garten im Dorf, 2 km vom Strand entfernt (Shuttlebus!), verstecken. Himmlisch ruhig.
- Jl. Raya | Uluwatu | Tel. 03 61/70 43 08
  www.mimosaresortbali.com

Puri Kosala €€
Hübsche familiäre Anlage in Strandnähe mit Pool. Recht gutes Preis-Leistungs-Verhältnis.
- Jl. Yoga Perkanti 2 | Jimbaran
  Tel. 03 61/70 16 05

Am Water Blow von Nusa Dua brechen sich die Wellen meterhoch

Restaurants

Zahllose kleine **Seafoodlokale** reihen sich entlang dem Jimbaran Beach.

❗ Die Füße im warmen Sand, der Duft von gegrilltem Snapper, Riesengarnelen oder Calamari in der Nase – Meeresrauschen und Sonnenuntergang gibt es gratis dazu. Preise nach Gewicht.

Nightlife

Nammos Beach Club

Legendär sind die Voll- und Neumondpartys im Nommos. Aber auch an jedem anderen Abend ein »place to be«. Die DJs legen gepflegte Lounge-Musik auf, leckere Holzofenpizzas.

• am Strand der Karma-Kandara-Villen

The Bar (im Bulgari Resort)

Der perfekte Platz für den Sundowner nach dem Ulu-Watu-Besuch. Der Ausblick ist grandios.

• Jl. Goa Lempeh | Uluwatu
  Tel. 03 61/8 47 10 00

Shopping

Jenggala

Teeservices, Salatschüsseln und weitere nützliche Dinge im Bali-Sti.

• Jl. Uluwatu II | Kabupaten Badung
  Tel. 03 61/70 33 11
  www.jenggala.com

Nusa Dua 7 [D5/6]

Ende der 1970er-Jahre wurde der Ort im Osten der Bukit-Halbinsel auf dem Reißbrett geplant – als keimfreie Feriensiedlung, ein Luxus-Ghetto für Touristen. 1983 eröffnete das Nusa Dua Beach Hotel als erstes von zahlreichen Nobelherbergen. »Balinesische Abende« mit Büfett und Tanzvorführungen brachten die Kultur der Insel in sparsamen Dosen direkt ins – klimatisierte – Hotel. Der faszinierende balinesische Alltag prallte an den hohen Mauern Nusa Duas ab. Damals zogen die riesigen Pool-Landschaften, Wassersportangebote, Tennisplätze und ein Golfplatz ein verwöhntes Publikum an. Doch Glanz und Glamour der Anfangsjahre, als der internationale Jetset noch gern im Nusa Dua Beach Hotel abstieg, sind verflogen – die VIPs sind weitergezogen.

Heute steht Nusa Dua für gepflegte Langeweile. Wer aber nur ein bis zwei Wochen baden und entspannen möchte, ist am schönen hellen und familienfreundlichen Sandstrand goldrichtig. Liebhaber der Malerei, die den Weg nach Ubud scheuen, bekommen im **Pasifika Museum** (BTDC Area, Block P, Tel. 03 61/77 49 35) einen ersten Überblick.

Hotels
Amanusa €€€
Luxuriöse Oase für Wohlhabende am Rande von Nusa Dua.
• Tel. 03 61/77 23 33
  www.amanresorts.com

Grand Hyatt €€€
Große Anlage mit Poollandschaft am schönen Strand. Großes Sportangebot, familienfreundliches Ambiente.
• Tel. 03 61/77 12 34
  www.bali.grand.hyatt.com

St. Regis €€€
Ein Neuzugang, der viele ältere Resorts im Ort in den Schatten stellt – Luxus pur in eleganten Villen entlang einer künstlichen Lagune. Die Pracht hat natürlich ihren Preis.
• Kawasan Pariwisata Nusa Dua Lot S6
  Tel. 03 61/8 47 81 11
  www.stregis.com

Tanjung Benoa 8 [D5]

Nördlich von Nusa Dua ist unweit des Hafens von Benoa das neue Ferienzentrum Tanjung Benoa entlang des schönen, aber relativ schmalen Sandstrands entstanden.

Wassersportler sind hier richtig, angeboten werden Windsurfing, Wasserski, Tauchen, Segeln und Parasailing/Paragliding.

Hotels
Conrad Bali Resort & Spa €€€
Bester Komfort und exklusives Ambiente am eigenen, 350 m langen Sandstrand.
• Jl. Pratama 168 | Tanjung Benoa
  Tel. 03 61/77 87 88
  www.conradbali.com

Novotel Benoa Bali €€–€€€
Konsequent im Ethno-Look durchgestylte relativ große Anlage, mit Unterhaltungsprogramm für die ganze Familie.
• Jl. Pratama | Tanjung Benoa
  Tel. 03 61/77 22 39
  www.novotelbalibenoa.com

Restaurant
Bumbu Bali €€€
❗ Heinz von Holzen serviert balinesische Küche und vermittelt in Kochkursen ihre Geheimnisse. Mehrfach als bestes Restaurant der Insel ausgezeichnet.
• Jl. Pratama | Tanjung Benoa
  Tel. 03 61/77 45 02
  www.balifoods.com

Denpasar 9 [D5]

Die Hauptstadt (815 000 Einw.) der Inselprovinz Bali ist Denpasar. Sie ist das Verwaltungs- und Wirtschaftszentrum der Insel. Das brodelnde Verkehrschaos sollte einen nicht abhalten, wenigstens den lebhaften Markt und das Bali-Museum zu besuchen.

Der Weg zu den Sehenswürdigkeiten Denpasars führt zum zentral gelegenen **Puputan-Platz**. Dort erinnert das mächtige Denkmal **Monumen Perjuangan Rakyat** an den Volksaufstand der Balinesen gegen die Fremdherrschaft und den ehrenvollen Freitod der Fürstenfamilie von 1906. Das Denkmal beherbergt seit 2006 ein Museum, das anschaulich die Geschichte Balis dokumentiert (am Wochenende geschlossen).

Das östlich an den Platz angrenzende **Bali-Museum** bietet einen hervorragenden Überblick über balinesische Kultur und Kunst von der Frühgeschichte bis heute. Die großräumige Anlage verbindet die verschiedenen Baustile nord-, ost- und westbalinesischer Palast- und Tempelarchitektur zu einem stimmungsvollen Ganzen. Die Sammlungen verteilen sich auf vier Gebäude und enthalten u. a. Masken, Schattenspielfiguren, Holzschnitzereien, Kultgerät, eine anschauliche Bilddokumentation der Durchgangsriten › S. 56, archäologische Funde sowie viele Beispiele traditioneller und moderner Malerei (Sa–Do 8–16, Fr 8–12.30 Uhr).

Nördlich schließt **Pura Jagatnata** an, einer der Reichstempel Balis. In dem Heiligtum wird die allumfassende Gottheit Sang Hyang Widi Wasa verehrt. Ihr fünfstufiger Thron *(padmasana)* überragt das Gelände.

Im Hintergrund des Pura erhebt sich der Turm der **St.-Josephs-Kirche**, zu der man unweit nordwestlich an der Jalan Kepundung gelangt. Die Ausgestaltung des katholischen Gotteshauses bezieht ihren Reiz aus der Verschmelzung christlicher Darstellungen mit balinesischen Stilelementen. Der Reliefschmuck an der Kirchenfassade erinnert an die Tempel und ist hier ebenso selbstverständlicher Teil der Ausstattung wie die Wächterfiguren. **50 Dinge** ⑭ › S. 13.

Festival Time

Wer im Juni/Juli auf der Insel ist, sollte sich auf keinen Fall das Bali Arts Festival in Denpasar entgehen lassen (www.baliartsfestival.com). Dieses absolute Highlight lässt jedes Fotografenherz höher schlagen. Jedes Dorf ist beim großen Umzug mit den besten Tänzern und Tänzerinnen in ihren in allen Farben leuchtenden Festtrachten und Masken vertreten. Ebenfalls im Juni/Juli findet im Werdhi Budaya Art Center, Jl. Bayusuta, das **Bali Cultural Festival** statt.

Info

Denpasar Tourism Office
• Jl. Surapati 7 | Denpasar
  Tel. 03 61/23 14 22
  www.balidenpasartourism.com

Restaurant

New Samudra €
Nach der Besichtigungs- oder Shopping-Tour lockt das Seafood-Lokal New Samudra, mit großen Portionen, günstigen Preisen und authentischer Küche, die keinerlei Zugeständnisse an den Touristengeschmack macht.
• Jl. Teuku Umar 69 | Denpasar

Das Art Center in Denpasar

Shopping

Antiquitäten- & Kunsthandwerk

Läden mit schönem Angebot findet man vor allem in der Jalan Gajah Mada und in den Querstraßen Jalan Kartini bzw. Sulawesi. **50 Dinge** ㊱ › **S. 16.**

Markt Pasar Badung

❗ Früchte und Gemüse in allen Farben, duftende Kräuter und Gewürze – auf dem Markt (tgl. ca. 4–22 Uhr) kann man den balinesischen Hausfrauen beim täglichen Einkaufsbummel zuschauen. Beliebte Mitbringsel: Gewürze oder Kochutensilien. Die Mörser aus Lavagestein sind Schwergewichte im Koffer, machen aber das Rühren einer Gewürzpaste kinderleicht.

Pura Taman Ayun ❿ [D4]

Morgenszene am Pura Taman Ayun: Ein Priester fegt tief gebückt mit seinem kurzstieligen Besen in bedächtigen kreisrunden Strichen Frangipaniblüten auf. Vögel auf Futtersuche hüpfen durch den aufgewirbelten Staub, während die Hunde aus dem Schattengeviert unter der Hahnenkampfarena teilnahmslos das Geschehen verfolgen. Um diese beschauliche Stille im Pura Taman Ayun in **Mengwi** zu erleben und das nach dem Muttertempel Pura Besakih zweitgrößten Heiligtum Balis nicht mit Horden Touristen teilen zu müssen, sollte man sich vor neun Uhr morgens vor Ort einfinden. **50 Dinge** ⑬ › **S. 13.**

Bald nach Betreten des ersten Hofes zieht der *kulkul* (Trommelturm) links vom Haupteingang den Blick auf sich. Eine schmale Treppe führt hinauf zu einer geräumigen Plattform, die den besten Gesamteindruck von der ganzen Tempelanlage vermittelt. Eingerahmt von mit Seerosen bewachsenen künstlichen Kanälen wirkt der Tempel wie eine Insel. Der Name ist Programm: Taman Ayun heißt »schwimmender Blumengarten«.

Der Pura Taman Ayun in Mengwi ist Balis zweitgrößte Tempelanlage

Ein quadratisches, von Richtungsdämonen umgebenes Brunnenbecken im südwestlichen Teil des Tempels bildet die Grenze zur Unterwelt, während die nach Norden hin ansteigenden Terrassen bergwärts, zum Wohnsitz der Götter, streben. Im Jeroan, dem höchstgelegenen und heiligsten Hof, der Besuchern nicht zugänglich ist, stehen 29 teilweise üppig verzierte Schreine, deren bis zu elfstufigen *merus* (vieldachige Pagoden) sich sakralen Himmelsbäumen gleich in die göttliche Sphäre erheben, um die Götter einzuladen.

Da fehlt auch nicht der dreigeteilte Lotosthron, *padmasana,* der als Ehrensitz der *trimurti* › **S. 45,** also den drei Hauptgöttern Shiva, Vishnu und Brahma, vorbehalten ist.

Hotel

Puri Taman Sari €€
Agung Prana, Angehöriger der Adelskaste, und seine Familie heißen Besucher in ihrem Gehöft herzlich willkommen. Die wenigen Zimmer sind liebevoll eingerichtet, auf Wunsch kann man Tanzkurse oder Wanderungen buchen und bei Familien- und Dorfzeremonien ist man nicht Zaungast, sondern Ehrengast.
• Dusun Umabian | Mengwi
  Tel. 03 61/7 42 11 65
  www.puritamansari.com

Pura Luhur Batukaru ⑪ [D3]

In lang gedehnten Kurven zieht sich die Straße durch den Bergwald mit üppigen Baumfarnen hinauf zum Pura Luhur Batukaru (Kokosnussschalenberg) an der Südostflanke des Batukaru-Vulkans (2276 m). Der Ahnentempel der Könige von Tabanan verfügt über einen Badeplatz, weswegen er auch als Pura Taman bezeichnet wird. Der Tempel wurde vermutlich im 11. Jh. als einer der vier Himmelsrichtungstempel gegründet und symbolisiert den Westen.

Die weitläufige Tempelanlage erstreckt sich über mehrere Ebenen am Hang in 700 m Höhe. Die Lichtung ist von dichtem Regenwald umgeben. Nicht viele Besucher kommen hier herauf. Die Stille ist fast unheimlich. Deshalb vermeint man, in manchen dieser dicht bemoosten stupaförmigen Schreine noch den Geist des Berges »Maha Dewa« zu spüren, der hier vor allem an Festtagen verehrt wird. Ein künstlicher Teich auf der rechten Seite der Anlage erinnert an den Pura Taman Ayun von Mengwi und ergänzt das Ensemble eines Platzes, dessen mystischer Ausstrahlung man sich kaum entziehen kann.

Hotel

Prana Dewi Resort €

❗ Liebevoll gestaltete kleine Anlage zwischen Reisfeldern und Regenwald an den Flanken des Batukaru. Mit einem Wanderführer kann man die Landschaft erkunden, manchmal werden auch Yogakurse angeboten.

- Wongaya Gede
  Tabanan
  Tel. 08 23/41 74 55 00
  www.balipranaresort.com

Reisterrassen von Jatiluwih 12 ⭐ [D3]

Die in allen Grüntönen schillernden Reisterrassen von Jatiluwih zählen zu den schönsten Balis. Man erreicht sie über eine Nebenstraße von **Wongaya Gede** aus.

Wie eine terrassierte Canyonlandschaft erstrecken sich kilometerlang Hügel für den Reisanbau. Bewundernd nimmt man dieses Bild in sich auf und kann sich gar nicht sattsehen an diesem seit Jahrhunderten von Menschenhand geformten Gesamtkunstwerk. Die sanft geschwungenen, in schmale Terrassen gestuften und von Lehmwällen gestützten Reisfelder steigen mal sanft, mal steil himmelwärts. Auf gepflügten und bereits gefluteten, jedoch noch nicht bepflanzten Feldern spiegeln sich Wolken und die Kronen der Kokospalmen, auf anderen Parzellen glitzern junge Reispflanzen im Sonnenlicht oder wiegen sich reife Ähren im Wind.

Tanah Lot 13 ⭐ [C5]

Der romantisch auf einem von der Brandung umtosten Felsenriff gelegene kleine Tempel gehört zu einer Gruppe schützender Heiligtümer entlang der Südküste Balis, die alle den Meeresgottheiten und -geistern geweiht sind. Gläubige aus allen Teilen der Insel bringen Opfergaben nach Tanah Lot, um die Dämonen zu besänftigen, die das Meer bevölkern und die Welt der Menschen bedrohen.

Steinmetz bei der Arbeit

Touristen dürfen den Tempel selbst nicht betreten und laben sich stattdessen an Kokosnuss-Cocktails mit Blick auf die wohl schönste Szenerie Balis – vor allem, wenn der rote Sonnenball hinter dem Pura Tanah Lot eindrucksvoll in den Indischen Ozean versinkt. **50 Dinge** ㉓ › **S. 14**. Weit weg vom Trubel Südbalis haben sich nordwestlich von Tanah Lot einige Hotelperlen in idyllischer Natur und mit stilvollem Wohlfühlambiente angesiedelt.

Hotels

Waka Gangga €€€ [D4]
Acht Bungalows direkt am schwarzen Sandstrand mit eigenem Reisfeld 13 km nordwestlich von Tanah Lot. Zum Felsentempel Tanah Lot läuft man – immer am Strand entlang – eine Stunde.

• Yehgangga | Tel. 03 61/48 40 85
  www.wakahotelsandresorts.com

Gajah Mina €€ [C4]
Zwischen zwei schwarzen Stränden und Wiesen mit grasenden Kühen 20 km nordwestlich von Tanah Lot liegt dieses kleine, aber sehr feine Hotel mit nur 8 Zimmern im Stil balinesischer Gehöfte. Ein magischer Platz zum Träumen.
• Suraberatan/Balian Beach
  Tel. 08 12/3 81 16 30
  www.gajahminaresort.com

Shankaris Bali Retreat €€ [C4]
Weit entfernt vom Trubel der Touristenzentren, 20 km nordwestlich von Tanah Lot, liegt das kleine Hotel, in dem sich Yogafans und Ruhebedürftige treffen. Bambus-Bungalows, drei Pools, vegetarisches Restaurant und kleines Spa. Meditation und Yogakurs sind inklusive.
• Suraberatan/Balian Beach
  Tel. 03 61/81 49 93
  www.shankarisbaliretreat.com

Straße der Kunsthandwerker ✦

Batubulan 14 [D5]

Von den Urlaubszentren im Süden sind es nur wenige Kilometer bis zur ersten Station auf der Straße der Kunsthandwerker.

Unzählige steinerne Skulpturen am Straßenrand lassen keinen Zweifel daran, dass man sich hier im Zentrum der balinesischen Steinmetzkunst befindet. Hindugötter und -heroen stehen neben Buddhaköpfen, Gnomen und Fabelwesen. Die großen kunstvoll gearbeiteten

Figuren aus Sandstein oder Andesit-Lava sind überall auf der Insel in Hotels und Restaurants zu bewundern. Aber sicher würde sich ein steinerner Ganesha auch in westlichen Gärten wohlfühlen. Falls Sie nicht widerstehen können: Wenn auch die verschwenderische Pracht der Sandsteinfiguren verlockt, entscheiden Sie sich lieber für eine aus Lava und Beton gegossene – die ist zwar vielleicht nicht so üppig gestaltet, dafür aber ist sie winterfest. Der Transport wird organisiert.

Nicht zufällig steht in Batubulan ein Tempel, an dem die heimischen Steinmetze ihre ganze Kunst bewiesen haben: Der **Pura Puseh** mit seinem fantasievollen Figurenschmuck ist unbedingt einen Besuch wert. Die beiden Buddhafiguren in den Nischen rechts und links des Eingangs sind ein Beispiel dafür, dass auch Buddha durchaus einen Platz im balinesischen Götterpantheon besitzt.

Will man den Platz in Ruhe genießen, sollte man vor 9 Uhr oder nach 11 Uhr ankommen, denn gleich nebenan drängen sich vormittags Busladungen von Besuchern der **Barong-Aufführung** › S. 49. Allmorgendlich kämpfen hier nämlich zwischen 9.30 und 10.30 Uhr Rangda und Barong hinter kunstvollen Masken und Kostümen miteinander. Aus dem exorzistischen Ritual wurde eine Show, aber eine hinreißende und perfekt inszenierte!

Celuk 15 [D4]

Schmuckliebhaberinnen sind in Celuk, der Heimat der Silberschmiede

und ihren Werkstätten, an der richtigen Stelle. An der Hauptstraße liegen die größeren Läden, mehr Spaß macht jedoch das Einkaufen in den Familienbetrieben, wo man auch bei der Herstellung der Filigranarbeiten zuschauen kann.

Bali Bird Park und Reptile Park 16 [D4]

Einen Abstecher wert ist der sehr schön angelegte Bali Bird Park (Taman Burung) in Singapadu. Hier kann man einige seltene exotische Spezies aus nächster Nähe beobachten, darunter Balis einzigen endemischen Vogel, den Jalak Putih oder Bali Star, und in einem Regenwaldaviarium spazieren gehen. Rund 250 Arten, ca. 1000 Vögel, haben in der hübsch mit Seerosenteichen,

Hinreißend: der Barong-Tanz

Palmen, Springbrunnen und Exotenbäumen gestalteten Gartenanlage ihr Zuhause. Highlight ist ein über 100 Jahre altes kühn geschwungenes Toraja-Haus (Tgl. 9 bis 17.30 Uhr, Tel. 03 61/29 93 52, www.bali-bird-park.com).

Wer nach den schillernden Flugkünstlern wieder zurück auf der Erde landen möchte, kann gegenüber im **Reptilienpark** Komodo-Warane, exotische Schlangen wie Phytons und Königskobra beobachten (tgl. 9–17.30 Uhr).

Sukawati 17 [D/E4]

Im benachbarten Sukawati sind die berühmtesten Puppenspieler *(dalangs)* der Insel beheimatet. Sie beherrschen noch die hohe Kunst des Schattenspiels › S. 54. Auf dem **Art Markt** in Sukawati (tgl. 9–17 Uhr) kann man sich günstiger als in den Ferienorten ❗ mit allen erdenklichen Balisouvenirs und originellen kunstgewerblichen Mitbringseln eindecken, beispielsweise mit buntbemalten lustigen Holzfiguren, Windrädern aus Bambus, Körben.

Vor allem für Kinder ist der **Bali Zoo** › S. 29 ein besonderes, wenn auch nicht gerade preiswertes Ereignis, hier erleben sie die Tiere im hautnahen Kontakt: Mit einigen dürfen sie spielen, andere füttern und streicheln.

Mas 18 [D4]

Der Ort der Holzschnitzer. Traditionell entstanden und entstehen unter ihren Händen kunstvolle Masken. Doch inzwischen hat der Kommerz über die Kunst Oberhand gewonnen, das Angebot der Galerien hat sich mehr und mehr dem Touristengeschmack angepasst – nicht unbedingt preiswert, trotzdem handwerklich noch immer hervorragend. Außerdem garantieren die Meister dafür, dass das Ebenholz hier im Gegensatz zu dem Billigramsch auf den Märkten Ubuds tatsächlich Ebenholz und nicht schuhcremebearbeitetes Sawoholz ist, das zu Hause bald Risse zeigt.

Nusa Penida, Nusa Lembongan 19 [E/F4]

Die der Südostküste Balis vorgelagerten Inseln bilden mit ihrer kargen Vegetation einen starken Kontrast zur tropischen Mutterinsel. Das trockene Hochland der gut 300 km² großen **Nusa Penida** erstreckt sich über ein Kalksteinplateau und bildet die charakteristische Inselsilhouette. Ausflüge zu der touristisch noch wenig erschlossenen Insel ❗ mit romantischen Plätzen wie dem Felsentempel bei Kutampi kann man in Sanur buchen. Ein Muss für Surfer und Taucher ist ein Ausflug zur Nachbarinsel **Nusa Lembongan**. Australische Surfer vor allem mieten sich in den einfachen Losmen von **Jungutbatu** ein. Inzwischen gibt es aber auch einige bessere Hotels auf der Insel. Mehrere Veranstalter bieten Ausflüge nach Lembongan an, z. B. The Waka Experience (www.waka hotelsandresorts.com).

Tempelfest in Ubud

ZENTRALBALI

Kleine Inspiration

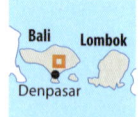

Zentralbali ist das Herzland der balinesischen Kultur, nicht nur wegen der vielen uralten Heiligtümer. Nirgendwo sonst auf der Insel wird so traditionell gefeiert wie im landschaftlich sehr reizvollen Inselinneren.

In Zentralbali stehen die Chancen gut, eine der vielen farbenprächtigen Zeremonien mitzuerleben, die Bali berühmt gemacht haben und der Insel einen ganz besonderen Zauber verleihen. Malerei, Tanz und Gamelanmusik blühen im Künstlerort Ubud und den Dörfern der Umgebung. Das kulturelle Zentrum Balis hat sich längst in einen aufstrebenden Ferienort mit endlosen Ansammlungen von Hotels, Restaurants und Shops verwandelt.

Zum Glück hat der Kommerz dem unvergleichlichen Zauber Ubuds nicht viel nehmen können. Wer noch tiefer in die Kultur Balis eintauchen möchte, sollte sein Quartier für ein paar Tage hierhin verlegen und die idyllische Umgebung, die zauberhaften Hotels, Kunst, Kultur und spannende Tanz-

aufführungen genießen. Oder sich verwöhnen lassen in den Wellnesstempeln Ubuds. Nur ein paar Schritte abseits der Hauptstraßen taucht man in ursprüngliches Dorfleben und das satte Grün der Reisfelder ein.

Ubud ist idealer Ausgangspunkt für Ausflüge zu den zahlreichen Heiligtümern in der Umgebung oder einfach in die Natur – mit dem Mietwagen, dem Fahrrad oder auch zu Fuß. Für die ganze Familie gibt es spannende Aktivitäten, die für viele Tage reichen – ein Besuch im Elefantenpark beispielsweise oder Touren ins Bergland des Nordens. **50 Dinge** (5) › **S. 12.** Auch für Wellnessurlaub ist Zentralbali ein idealer Standort, denn in und um Ubud herum liegen die schönsten Spa-Hotels Balis.

Die Gamelanorchester auf Bali bespielen neben Metall- auch Holzinstrumente

Tour in der Region

 Heiligtümer und Vulkane

Route: **Ubud › Goa Gajah › Yeh Pulu › Gunung Kawi › Tirtha Empul › Batur (Penelokan/Toya Bunkah)**

Karte: Seite 87 und 88
Länge: 75 km, Fahrzeit 4 Std.
Dauer: 1 Tag

Praktische Hinweise:

- Nehmen Sie sich einen Mietwagen mit oder ohne Fahrer.
- Von Ubud aus gibt es eine direkte Verbindung mit Perama-Touristenbussen nach Penelokan.

Tour-Start:

Die Tour führt von **Ubud** **1** › S. 89 ins Hochland zum Gunung Batur, dem Vulkan in Nordbali. Sie bietet

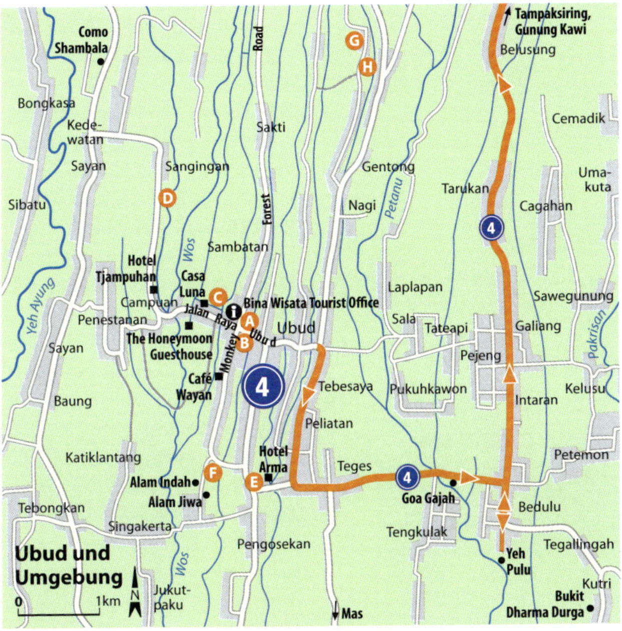

Ubud und Umgebung

0 ____ 1km

Ⓐ Puri Saren
Ⓑ Markt (von Ubud)
Ⓒ Museum Puri Lukisan
Ⓓ Neka Art Museum
Ⓔ ARMA (Agung Rai Museum of Art)
Ⓕ Monkey Forest
Ⓖ Petulu
Ⓗ Botanischer Garten

Tour **4**
Alte Heiligtümer und Vulkane › auch Karte S. 88

Tour in Zentralbali

Tour

Alte Heiligtümer und Vulkane

Ubud › Goa Gajah › Yeh Pulu › Gunung
Kawi › Pura Tirtha Empul › Penelekan

reizvolle Natur und Kultur im Überfluss. Unterwegs kann man die ältesten heiligen Stätten der Insel besichtigen. Diese sind aber keine Museen, sondern werden von den tiefgläubigen Balinesen auch heute noch als spirituelle Plätze genutzt.

Von Ubud aus geht es zunächst in Richtung Peliatan. Nach wenigen Kilometern erreicht man die rechts von der Hauptstraße nach Gianyar gelegene Elefantenhöhle **Goa Gajah** 2 › S. 97, deren Eingang, eine gruselige Dämonenfratze, alle Besucher zu verschlucken scheint. Von dort ist es nur ein Steinwurf zum Dorf Blahbatuh, wo man außerhalb des Ortes auf einem ca. zehnminütigen Spaziergang durch Reisfelder zu den geheimnisvollen Reliefs von **Yeh Pulu** 3 › S. 97 gelangt. Anschließend führt die gut ausgeschilderte Strecke nach Norden zu den kunstvollen Felsengräbern **Gunung Kawi** 4 › S. 101 bei Tampaksiring.

Unweit nordöstlich liegt das Quellheiligtum **Pura Tirtha Empul** 5 › S. 101 am Oberlauf des Pakerisan. Rechts und links der Straße blitzt immer wieder das Grün der Reisfelder auf, bis man allmählich in die kargeren Bergregionen Nordbalis eintaucht. Eindrucksvoll ist der Blick in die Caldera des **Gunung Batur** bei **Penelokan** 6 › S. 114. Wer eine Übernachtung einplant, kann am nächsten Tag zum Sonnenaufgang den Vulkan besteigen und anschließend in den heißen Quellen am Batur-See entspannen, bevor er sich auf den Rückweg macht bzw. die Fahrt an die Küste Nordbalis fortsetzt.

Unterwegs in Zentralbali

Ubud **1** ⭐ [D4]

Es war einmal ein kleines Dorf, umgeben von fruchtbaren Reisterrassen, über die die Reisgöttin Dewi Sri wachte. Regiert wurde das Paradies von einem kunstsinnigen Fürsten, der Malerei, Musik und Tanz sehr liebte und sie dementsprechend engagiert förderte … So könnte die Geschichte von Ubud (15 000 Einwohner) beginnen. Den Zauber des Ortes entdeckten in den 1930er-Jahren Künstler und Intellektuelle aus der ganzen Welt, allen voran der deutsche Maler Walter Spies › **S. 91**, der die heutige balinesische Malkunst entscheidend beeinflusste. **50 Dinge** ⑦ › **S. 12** Die ersten Traveller wohnten in den 1970er-Jahren in Homestays in den Häusern der Reisbauern – ohne Elektrizität, aber mit Familienanschluss.

Das war einmal. Heute säumen Boutiquen und Szenespots die Hauptstraße Monkey Forest Road. Über dem paradiesisch schönen Ayung-Tal haben sich Perlen der Hotellerie und besonders fantasievolle Schöpfungen von Luxusresorts angesiedelt. **50 Dinge** ③ › **S. 12**. In den schönsten Spas Asiens kann man sich mit Peelings, Masken und Cremes aus Reis, Kaffee und duftenden Blüten und Gewürzen verwöhnen lassen. Doch auch Urlauber mit kleiner Brieftasche finden Unterkünfte, Spas und Restaurants, die bezahlbar und dennoch empfehlenswert sind. **50 Dinge** ⑫ › **S. 13**.

Und wer dem Rummel der west-östlichen Hauptangente Jalan Raya und der in Nord-Süd-Richtung verlaufenden Monkey Forest Road entfliehen möchte, weicht in die umliegenden Dörfer aus, nach **Kedewatan, Peliatan** oder **Pengosekan**. Hier taucht man schnell ins ländliche Bali ein, wo die Reisfeldfrösche einen noch in den Schlaf quaken und man dem Alltag der balinesischen Dorfgemeinschaft näherrückt. Ubud und die Dörfer der Umgebung sind Zentren der Kunst und des Kunsthandwerks. Interessierte sollten mindestens zwei bis drei Tage einplanen, um die unzähligen Kunstgalerien und -museen zu durchstreifen. **50 Dinge** ㉕ › **S. 13. 50 Dinge** ㉖ › **S. 15. 50 Dinge** ㉟ › **S. 16**. Auf Bühnen treten die besten Tänzer der Insel auf. Wer das Glück hat, hier ein Tempelfest zu erleben, verfällt ganz sicher dem Zauber des Ortes.

Puri Saren **Ⓐ** und der Markt von Ubud **Ⓑ**

Der alte Palast Puri Saren und der Markt liegen einander gegenüber mitten im Zentrum Ubuds (Jl. Raya Ubud). Der Großvater des heutigen Fürsten war Kunstmäzen und gründete gemeinsam mit den europäischen Malern Walter Spies und Rudolf Bonnet in den 1930er-Jahren die Künstlervereinigung Pita Maha › **S. 91**. Sein Enkel ist Inhaber mehrerer Hotels, und auch im Puri Saren werden einige Gastzimmer vermietet.

Gemüsemarkt in Ubud

Über die Bühne im Vorhof des Palastes trippeln und wirbeln täglich nach Einbruch der Dunkelheit einige der besten Tanzgruppen Balis. Sehenswert ist auch der Markt gegenüber. Zwar wird der erste Blick von billigen Souvenirs bestimmt, doch wenn man sich ins Zentrum des Marktgebäudes vorarbeitet, gibt es köstliches Obst und feine Gewürze zu schnuppern.

Museum Puri Lukisan **C**

Im Ortskern hinter dem Tempel Pura Saraswati liegt das 1956 eröffnete Museum Puri Lukisan (»Palast der Gemälde«), das auf den holländischen Maler Rudolf Bonnet zurückgeht. Es bietet einen ausgezeichneten Überblick über die balinesische Malerei und zeichnet auch die wichtigsten Stationen der Entwicklung der Holzschnitzkunst nach. Einige der Exponate sind käuflich (www.museumpurilukisan.com, Jl. Raya Ubud, tgl. 9–18 Uhr). **50 Dinge** ⑩ › **S. 13.**

Neka Art Museum **D**

Etwa 2 km nördlich von Campuan liegt an der Straße in Richtung Kedewatan das Neka Art Museum. Der Kunstsammler und Gründer des Museums, Suteja Neka, gehörte der Pita-Maha-Gruppe an. 1982 schuf er mit dem Museum einen repräsentativen Rahmen für seine Bilder. Die Sammlungen verteilen sich auf vier Pavillons. Im ersten sind die Entwicklung vom urbalinesischen Wayang- bis zum Ubud/Batuan-Stil und die Arbeiten der Young Artists dokumentiert. Der zweite Pavillon ist balinesischen Künstlern gewidmet. **50 Dinge** ㉒ › **S. 14.** Der Pavillon rechts davon zeigt Werke balinesischer und javanischer Künstler. Der letzte Pavillon präsentiert Werke etablierter indonesischer Künstler. Als reizvollen Kontrast dazu demonstrieren die Bilder im oberen Stockwerk, wie ausländische Maler die Götterinsel sahen (Jl. Raya Campuhan, Kedewatan, www.museumneka.com, Mo–Sa 9–17, So 12–17 Uhr).

ARMA (Agung Rai Museum of Art) **E**

Das Museum präsentiert eine äußerst sehenswerte Sammlung traditioneller und moderner Malerei. Highlight der Sammlung ist eines der wenigen erhaltenen Gemälde von Walter Spies (tgl. 9–18 Uhr). Das Museum ist Teil des ARMA-Kulturzentrums, das der einheimische Kulturförderer und Galerist Agung Rai ins Leben rief. Zahlreiche Kurse › S. 24 für Einheimische und Besucher machen das Museum zu einem lebendigen Mittelpunkt Ubuds (Jl. Raya Pengosekan, www.armabali.com/museum, Tel. 03 61/97 66 59, tgl. 9–18 Uhr).

Monkey Forest ❻

Wie ein Märchenwald wirkt das Dickicht der Banyanbäume mit ihren Luftwurzeln. Im Affenwald von Ubud verstecken sich mehrere kleine Heiligtümer. Eine Brücke führt zum **Pura Beji** und zu einem Quellheiligtum hinab. Die Hausherren sind Makaken-Affen.

Aber Vorsicht: Die gewöhnlichen Nachkommen des Affengenerals Hanuman sind aggressiv und bissig und entwenden gern Brillen und Schmuck. Auf keinen Fall füttern!

Sehenswert ist auch der Unterwelttempel **Pura Dalem Agung Padang Tegal** und seine fantasievollen Steinmetzarbeiten. Das gedeckte Tor, das sich zum mittleren Hof öffnet, ruht auf der von zwei Schlangen umwundenen Riesenschildkröte Bedawang. Wie alle anderen Totentempel ist auch dieser der Todesgöttin Durga geweiht, die manchmal die Gestalt der Hexe Rangda annimmt. Sie begrüßt die Besucher mit ausgestreckter Zunge und üppigen Hängebrüsten.

Info

Ubud Tourist Information Bina Wisata
Gegenüber dem Pura Desa im Ortszentrum. Infos u. a. zu Festen und Kartenverkauf für Tanzveranstaltungen.

- Jl. Raya Ubud | Ubud
  Tel. 03 61/97 32 85
  Mo–Sa 8.30–19.30 Uhr

Tropenträume auf Leinwand – Walter Spies

Walter Spies, ein künstlerisches Multitalent, geboren 1895 als Sohn eines deutschen Kaufmanns in Moskau, sollte maßgeblich zur Erneuerung der balinesischen Kultur beitragen. Wie andere Homosexuelle kehrte er dem sittenstrengen Europa den Rücken und landete in Yogykarta/Java, wo er ein Gastspiel als Kapellmeister am Sultanshof gab. Er folgte 1927 einer Einladung des Fürsten von Ubud, der ihm sein Gästehaus zur Verfügung stellte. Viele prominente Gäste genossen dort die Gastfreundschaft des Landeskenners. Für Vicky Baums Bali-Roman »Liebe und Tod auf Bali« lieferte Spies das Hintergrundwissen, Charlie Chaplin begeisterte er für die balinesische Tanzkunst. Und für den Bali-Film des Barons von Plessen »Die Insel der Dämonen« choreografierte er die expressionistische Variante des Kecak-Tanzes, die heute noch ein Dauerbrenner auf Balis Tanzbühnen ist. Gemeinsam mit dem holländischen Maler Rudolf Bonnet und dem Fürsten Cokorda Gede Agung Sukawati gründete er schließlich die Künstlervereinigung Pita Maha (»großer Vater«), die die erstarrte balinesische Malerei neu belebte und maßgeblich prägte. Nach paradiesischen Jahren auf Bali sollte Spies 1942 als Deutscher – und damit Feind der holländischen Kolonialregierung – in ein Internierungslager nach Ceylon gebracht werden, doch das Schiff wurde von einem japanischen U-Boot versenkt. Die Bilder des Künstlers sind in alle Welt verstreut, ein Original hängt jedoch im ARMA.

Hotels

ARMA Resort €€€

Liebevoll gestaltetes Resort inmitten eines Tropengartens mit Blick auf Reisfelder in paradiesischer Ruhe. Exzellent isst man im Thai-Restaurant Kokokan. Die Einnahmen wandern in die Töpfe der Kulturstiftung.

- Jl. Pengosekan | Ubud
  Tel. 03 61/97 57 42
  www.armabali.com/resort

Como Shambala Estate €€€

Como Shambhala gilt als das Top-Wellnessresort der Insel. Leider sind auch die Preise top. Dafür könnte es passieren, dass man beim Yogakurs neben Modedesignerin Donna Karan auf der Matte hockt. Ein Essen im Kudus Restaurant gehört hingegen zu den bezahlbaren Träumen: traditionelles javanisches Flair, indonesische Küche vom Feinsten und schöne Ausblicke über das Tal des Ayung-Flusses. Einen modernen Kontrapunkt setzt das zweite Restaurant Begawan Giri: Glamour mit exquisiter gesunder Küche.

- Banjar Begawan | Ubud
  Desa Melinggih Kelod
  Tel. 03 61/97 88 88
  www.comohotels.com/como
  shambhalaestate

Maya Ubud €€€

Nur einen einzigen Fehler hat das Maya: Es ist so schön, dass es schwer fällt, das Resort auch nur für ein paar Stunden zu verlassen. Hinreißend sind vor allem die Villen mit eigenem Garten und Pool. Das Spa ist ein Hort der Glückseligkeit.

- Jl. Gunung Sari | Ubud
  Peliatan | Tel. 03 61/97 78 88
  www.mayaubud.com

Ubud Hanging Gardens €€€

Paradiesische Lage über dem Tal des Ayung-Flusses, stilvolles Ambiente und exzellenter Service. Der Clou: Eine Drahtseilbahn verbindet die einzelnen Ebenen.

- Desa Buahan | Ubud
  Tel. 03 61/98 27 00
  www.hanginggardensubud.com

Alam Indah, Alam Jiwa, Alam Shanti €€

Drei Juwelen am Rande der Reisfelder in Nyuhkuning, einem ruhigen Ortsteil von Ubud, Betreiber ist der Besitzer des legendären Café Wayan. Die drei Schwesterhotels haben jeweils nur wenige Zimmer, die individuell gestaltet und mit viel Geschmack eingerichtet sind, mit zauberhaftem Ausblick von den Balkons auf die Reisfelder.

- Nyuhkuning | Ubud
  Tel. 03 61/97 46 29
  www.alamindahbali.com

Tjampuhan €€

Im Gästehaus des Fürsten von Ubud wohnte in den 1930er-Jahren der Maler Walter Spies, der hier seine illustren Gäste aus aller Welt empfing. Der heutige Fürst ist Hotelier, und rund um das einstige Gästehaus entstand das älteste Boutiquehotel der Insel. Beim lauschigen Frühstück auf der Zimmerveranda oder beim Absacker zum abendlichen Froschkonzert genießt man unverfälschtes Bali-Flair. Tipp: Die alten Zimmer ohne Klimaanlage (AC) sind mit Antiquitäten eingerichtet und günstiger als die neuen AC-Zimmer.

- Ubud-Campuan | Ubud
  Tel. 03 61/97 53 68
  www.tjampuhan-bali.com

SPECIAL

East meets West

Der sogenannte Bali-Stil ist eigentlich eine Mischform. Diese verbindet feinsinnig modernes westliches Design mit traditioneller balinesischer Dorfarchitektur und Tropenmaterialien. Kreiert haben den Bali-Stil wahrscheinlich europäische Künstler, unter ihnen der Maler Walter Spies. Sein europäisch anmutender Bungalow in Ubud war ausgestattet mit Bambuswänden und einem Dach aus Elefantengras. Der belgische Künstler Le Mayeur wählte für sein Studio in Sanur die Form eines traditionellen balinesischen Gehöfts mit mehreren Pavillons, umgeben von einer Mauer. Aber anders als die Balinesen stellte er sein Haus in einen Tropengarten. Nach und nach verschmolzen Ideen und Materialien aus Ost und West.

Traumhotels

Mit dem Oberoi Hotel in Seminyak setzte der Australier Peter Muller in den 1970er-Jahren neue Akzente beim Hotelbau. Man baute zusehends minimalistischer und bevorzugte strukturierte Wände, Möbel und Wohnaccessoires aus Naturmaterialien. Die Hotels bekamen – inspiriert von hiesiger Tempelarchitektur – weite, offene Lobbys und stilvoll puristisch gestaltete Badezimmer, die mit dem Wohnbereich zu einer ästhetischen Einheit verschmelzen. Stilikonen der späten 1980er- und 1990er-Jahre sind die Luxushotels Amandari und Como Shambala › **S. 92** bei Ubud. Fast alle hochpreisigen Hotels sind eingebettet in tropische Gärten und Poollandschaften. Der Garten des Bali Hyatt in Sanur › **S. 67** gehört zu den schönsten Hotelgärten der Insel.

Noble Spa-Schöpfungen

An Bedeutung gewannen ab Mitte der 1990er-Jahre kunstvoll minimalistisch gestaltete Spas mit edlen Naturmaterialien – Prestigeobjekte, der Luxushotels, z. B. der Wohlfühltempel im Maya Ubud Hotel › **S. 92** und das Spa im Matahari Beach Resort › **S. 117** in Pemuteran im Stil eines königlichen Wasserpalastes.

Köstlich: die gemischte balinesische Platte im Café Wayan

Ubud Sari Health Resort €€
Eine kleine Beauty- und Gesundheits-
oase mitten in Ubud mit hübsch gestalteten Villen. Neben den üblichen
Spa-Anwendungen und Massagen
werden auch Heilwochen und Fastenprogramme angeboten.
• Jl. Kajeng 35 | Ubud
  Tel. 03 61/97 43 93
  www.ubudsari.com

Ubud Inn €–€€
Zentral gelegen und dennoch eine
kleine Oase der Ruhe, großer Garten mit
Lotosteich und Pool, Gäste können den
Spa-Bereich am Fluss nutzen.
• Ubud | Tel. 03 61/97 50 71
  www.ubudinn.com

Guci Guesthouse €
Homestay in einer deutsch-balinesi-
schen Künstlerfamilie. Schöner Garten
und viel Atmosphäre – und eine
Schatzkiste an Tipps.
• Pengosekan | Ubud

Tel. 03 61/97 59 75
www.guci-bali.com

The Honeymoon Guesthouse €
Nicht nur für Flitterwöchner ein schönes
Plätzchen. ❗ Familienfreundliche Preise
und leckeres Essen.
• Jl. Bisma | Ubud
  Tel. 03 61/97 32 82
  www.casalunabali.com

Tegal Sari €
Ein Favorit beim jungen Publikum.
❗ Die Zimmer haben alle Terrasse bzw.
Balkon mit Reisfeldblick. Weitere Ein-
richtungen: Pool, Fitnessstudio und
Massagepavillon. Die Szenespots sind
gut zu Fuß zu erreichen.
• Ubud | Tel. 03 61/97 33 18
  www.tegalsari-ubud.com

Restaurants
Mozaic €€€
❗ Hochgelobte Gourmetküche in ele-
gantem Ambiente. Die Speisekarte ist

international und auch die Weinkarte
kann sich sehen lassen. Gourmet-
Kochkurse.
• Jl. Raya Sanggingan | Ubud
  Tel. 03 61/97 57 68
  www.mozaic-bali.com

Café Batan Waru €€
Hier schmeckte auch schon Bill Clinton
die indonesische und internationale
Küche. Dienstags ist Chili-Crab-Night.
• Jl. Dewi Sita | Ubud
  Tel. 03 61/97 75 28
  www.batanwaru.com

Café Wayan €€
Das Wayan ist ein Klassiker in Ubud,
und wie eh und je sitzt man gemütlich
in kleinen Garten-Pavillons. Die Schoko-
ladentorte (»Death by chocolate«) ist
legendär. Nicht verpassen: Das
Bali-Büfett am Sonntag.
• Monkey Forest Rd. | Ubud
  Tel. 03 61/97 54 47

Casa Luna €€
Seit vielen Jahren ist das Lokal der
Australierin Janet O'Neefe ein beliebter
Treffpunkt mit kosmopolitischer Speise-
karte, empfehlenswerte Kochkurse.
• Jl. Raya Ubud | Ubud
  schräg gegenüber dem Lotus Café
  Tel. 03 61/97 74 09
  www.casalunabali.com

Warung Enak €€
Im Edel-Warung gibt es indonesische
Gerichte von Sumatra bis Timor. ❗ Un-
bedingt probieren: Ayam Taliwang, ein
Klassiker aus Lombok. Auch Kochkurse.
• Jl. Pengosekan | Ubud
  Tel. 03 61/97 29 11
  www.warungenakbali.com

Ibu Oka €
Das Ibu Oka ist ❗ Top-Adresse bei
Einheimischen und längst auch bei
Bali-Kennern, wenn es um Babi Guling,
Spanferkel à la Bali, geht.
• Jl. Suweta (gegenüber Fürstenpalast)
  Ubud | Tel. 03 61/97 63 45

Nasi Ayam Kedewatan €
Eine Institution seit 1964 und schon
zum Frühstück überfüllt. Der Warung ist
berühmt für superleckere Hähnchen-
gerichte.
• Jl. Raya Kedewatan | Ubud
  Tel. 03 61/7 42 71 68

Shopping
Neka Gallery
Hier findet man das ganze Spektrum
balinesischer und indonesischer Künstler.
• Jl. Raya Ubud | Ubud
  Tel. 03 61/97 50 34

Seniwati Gallery
Die einzige Frauengalerie der Insel. Der
Ausstellungsraum bietet eine Plattform
für einheimische und ausländische
Künstlerinnen, angeschlossen ist eine
Malschule für Mädchen. Workshops.
• Jl. Sriwedari 2B | Ubud
  Tel. 03 61/97 54 85
  Di–So 9–17 Uhr

Toko Antique
Antiquitäten und gehobenes Kunst-
handwerk: Holz- und Terrakottawaren,
Stoffe und historische Fotos.
• Jl. Raya Ubud (neben Ary's Warung)
  Ubud | Tel. 03 61/97 59 79

Threads of Life
Handgewebte Stoffe mit traditionellen
Motiven, allerdings nicht ganz billig.

- Jl. Kajeng 24 | Ubud
  Tel. 03 61/97 21 87
  www.threadsoflife.com

Wardanis
Ikats, Songkets, Endeks – ein Paradies für Liebhaber balinesischer Stoffe. Die eigene Schneiderei fertigt daraus Ihre Wunschstücke. Außerdem Kunsthandwerk zu fairen Preisen.
- Monkey Forest Rd. | Ubud
  Tel. 03 61/97 55 38

Wellness
Nur Traditional Beauty Salon
Bereits seit 30 Jahren verwöhnt Ibu Nur ihre Kunden mit Geheimrezepten aus Java, günstige Preise.
- Jl. Hanoman 28 | Ubud
  Tel. 03 61/97 53 52
  www.nursalonubud.com

Bali Botanica Day Spa
Day-Spa mit nettem Service und allen Spa-Klassikern zu maßvollen Preisen.
- Jl. Sanggingan | Ubud
  Tel. 03 61/97 67 39
  www.balibotanica.com

Nightlife
Jazz Café
Jazz, Latin, Blues und mehr, mit täglich wechselnden Bands.
- Jl. Sukma | Ubud | Tel. 03 61/97 65 94
  Di–So 17–24 Uhr
  www.jazzcafebali.com

Laughing Budda Bar
Feine Cocktails, leckere Tapas und abwechslungsreiche Livemusik.
- Monkey Forest Rd. | Ubud
  Tel. 03 61/97 09 28
  www.laughingbuddhabali.com

Wanderung durchs Reisfeld

Die Sinne öffnen – dafür ist die Umgebung Ubuds mit den sattgrünen Reisfeldern wie geschaffen. **50 Dinge** ⑪ › **S. 13**. Die etwa dreistündige Wanderung **vom Neka-Museum nach Campuan** bietet sich nach dem Museumsbesuch an. Von dort geht es noch 400 m durch Sangingan nach Norden, dann biegt man bei den Ulun Ubud Cottages nach Westen ab. Schmale Pfade führen durch grüne Reisfelder, dann geht es die Dorfstraße entlang und ein Stück auf asphaltierter Strecke in lang gezogenen Kurven über die Brücke, bis man schließlich den schönsten Teil der Wanderung erreicht: Auf einem Gratweg oberhalb des Flusses Wos, gesäumt von Elefantengras, wandert man zurück in Richtung Campuan. Bei klarer Sicht sieht man sogar das Meer. Nach rund 3 km stößt der Weg auf die Hauptstraße zwischen Campuan und Ubud, unweit der Brücke über das tief eingeschnittene Flussbett. In Murnis Warung an der Brücke kann man sich stärken, im Hotel Tjampuhan bei einem Bierchen nostalgisches Bali-Flair spüren.

Petulu ⑬

Am späten Nachmittag sammeln sich in den Bäumen bei Petulu, etwa 4 km nördlich von Ubud, Hunderte von weißen Reihern, die tagsüber in den Reisfeldern auf Nahrungssuche waren. Es ist ein einzigartiges und lautstarkes Spektakel, wenn die an-

Ein Kuhreiher, eine der Reiherarten, in Petulu

mutigen Vögel ihren Schlafplatz für die Nacht aufsuchen.

Botanischer Garten

Ganz in der Nähe liegt der Botanische Garten, ein Projekt des deutschen Journalisten Stefan Reisner. Seit dessen Tod wird der Garten allerdings nicht mehr gepflegt und ist eine Brutstätte für Moskitos. Ein Besuch ist daher derzeit keine Empfehlung wert.

Goa Gajah 2 [D4]

Die vielbesuchte Elefanten-Höhle liegt an der Straße von Peliatan nach Bedulu. Das Monster aus Stein, das den Eingang zu der in den 1920er-Jahren freigelegten Höhle ziert, vermag trotz schielender Glupschaugen und wilder Mähne, in der sich ein Heer von Tieren und Gnomen tummelt, kaum Angst einzuflößen.

Wer hier in Stein verewigt wurde, ist nach wie vor ein Rätsel.

Durch das Maul des Monsters – der Unterkiefer markiert die Eingangsschwelle – betritt man den Rachen in Gestalt einer T-förmigen Höhle, die wahrscheinlich schon im 11. Jh. als Einsiedelei für shivaitische Mönche diente. Innen (Taschenlampe nicht vergessen!) erwarten ein dreifacher Shiva-Lingam (Phallussymbol) und der Elefantengott Ganesha die Besucher.

Dass hinduistische und buddhistische Mönche hier wahrscheinlich friedlich nebeneinander lebten, lassen Reste einer buddhistischen Mönchsklause vermuten, die man über eine Treppe erreicht.

Yeh Pulu 3 [E4]

1925 wurde im Süden von Bedulu (ein Schild weist den Weg durch die Reisfelder) ein 27 m langer, 2 m hoher Relieffries an einer Felswand freigelegt, dessen zeitliche Einord-

Wellness für Körper und Seele

Am frühen Morgen und am späten Nachmittag ziehen die Kräuterfrauen *(jamu gendong)* mit Bambustragen von Haus zu Haus, um ihre selbst gebrauten Tränke aus Gewürzen und Kräutern – gegen die Wehwehchen des Alltags, für die Schönheit oder die Manneskraft – zu verkaufen. Das Geschäft der fliegenden Händlerinnen läuft gut. Ein paar Rupiah für Schönheit und Gesundheit hat fast jeder übrig.

Die indonesische Kräutermedizin entwickelte sich im 17. Jh. am Fürstenhof von Solo in Zentraljava. Heute sind die Säfte, Öle und Mixturen aus rund 150 verschiedenen Pflanzen in ganz Indonesien sehr populär. Auch auf Bali werden Hausrezepte und Massagetechniken von Generation zu Generation weitergegeben. Mütter massieren ihre Kinder, wenn sie sich nicht wohlfühlen, sie kennen immer ein Mittelchen gegen Frauenbeschwerden und wissen, wie man nach einer Schwangerschaft wieder in Form kommt. **50 Dinge** ③ › S. 12

Relaxen im Spa

In Spa-Hotels und Day-Spas profitieren Gäste aus dem Westen von uralten balinesischen Rezepturen, die wohltuend entspannen und ausgleichen. Der Name »Spa«, abgeleitet von »sanus per aquam« (gesund durch Wasser), führt allerdings in die Irre. Wasser spielt nur eine Nebenrolle bei den Anwendungen. Massage dagegen eine Hauptrolle – ergänzt durch Peelings, Masken und Cremes, die auf der Basis von Reis, Kaffee mit unzähligen Gewürzen nach alten Rezepten gemischt oder kreativ kombiniert werden.

Ein klassisches Verwöhnprogramm ist in vielen Spas wie ein Menü mit mehreren Gängen aufgebaut und dauert 1,5 bis 2 Stunden. Als Auftakt und Appetitanreger gibt es oft ein Glas Jamu für die Schönheit von innen und ein Fußbad. Der erste Gang ist eine traditionelle balinesische Massage mit aromatischen Ölen. Die Masseure arbeiten mit langen Strichen, rollen die Haut zwischen Daumen und Zeigefinger, um die Durchblutung anzuregen und stimulieren die Reflexzonen an Fuß und Hand. Der zweite Gang beinhaltet ein Körperpeeling.

Beim **Mandi Lulur**, das schon javanische Prinzessinnen vor der Hochzeitnacht genossen, verwendet man für das Peeling Reis, pulverisierte Rinde und Blütenöl. Die Haut wird rein und zart. Dass sich auch der Alterungsprozess verzögert, davon sind Indonesierinnen überzeugt.

Balinese Boreh ist ein Potpourri aus Gewürzen (Ingwer, Gewürznelken, Zimt, Kurkuma, Muskat und Sandelholz), das den Schweiß aus den Poren treibt und in balinesischen Familien bei Erkältungen, Kopfschmerzen, Muskelschmerzen oder Arthritis eingesetzt wird.

Beim **Coffee Scrub** verfeinert geriebener Kaffee aus dem balinesischen Bergland, gemischt mit Kaolinerde und Karotten, das Hautbild, und das intensive Kaffeearoma sorgt für gute Laune. Der **Coconut Scrub** verwöhnt empfindliche Haut und beruhigt bei Sonnenbrand. **Volcanic Clay Scrub** aus mineralhaltiger Vulkanerde, vermischt mit Wasser und Meersalz, unterstützt

den weiblichen Kampf gegen Orangenhaut. Als dritter Gang des Spa-Menüs folgt eine Packung mit Joghurt, Papaya, Gurke, Honig oder Aloe Vera. Krönender Abschluss bildet das »Dessert«: ein herrliches Duft- und Blütenbad mit Frangipani- und Hibiskusblüten. Luxus pur!

Spa-Hotels und Day-Spas

Spa-Hotels gibt es für jeden Geldbeutel. Die Preise für die Spa-Anwendungen steigen jedoch mit der Zahl der Hotel-Sterne. Was im **Schönheitssalon von Ibu Nur** in Ubud nur 10 US-$ kostet, wird im Fünf-Sterne-Resort für ein Vielfaches angeboten. Das Ambiente ist dort sicher exquisiter, die Qualität der Anwendung aber nicht unbedingt besser. Der Salon von Ibu Nur beispielsweise steht für Tradition. Die kultivierte Unternehmerin war schon in ihrer Heimat Sumatra Jamu-Spezialistin. Sie vertiefte ihre Kenntnisse auf Java und verwöhnt Balinesinnen und Touristen seit 1978 mit Schönheitsmitteln aus Kräutern, Blüten, Früchten und Ge-

Mit dem Mörser werden die Gewürze und Rinden zerrieben

würzen. Das Angebot ist groß, und die Preise laden dazu ein, öfter zu kommen. Das **Ubud Sari Health Resort** ist eine luftige Insel der Schönheit und Gesundheit mit großem Programm. Neben den üblichen Spa-Anwendungen und Massagen werden auch Heilwochen und Fastenprogramme angeboten. Das **Bali Botanica Day Spa** in Ubud bietet Pakete für einen ganzen Wohlfühltag und zusätzlich ayurvedische Anwendungen.

- **Nur Traditional Beauty Salon** [D4]
  Jl. Hanoman 28 | Ubud
  Tel. 03 61/97 53 52
- **Ubud Sari Health Resort** [D4]
  Jl. Kajeng 35 | Ubud
  Tel. 03 61/97 43 93
  www.ubudsari.com
- **Bali Botanica Day Spa** [D4]
  Jl. Sanggingan | Ubud
  Tel. 03 61/97 67 39
  www.balibotanica.com

Wellness für Geist und Seele

Auch Wohlfühlangebote für die Seele stehen hoch im Kurs. Kein Wunder – auf Bali finden sich überall spirituelle Plätze, die wie geschaffen sind für Meditation und Yoga. **50 Dinge** ⑥ › S. 12.

Weit ab vom touristischen Bali findet sich im **Gaia Oasis** › S. 132 an der ruhigen Nordostküste ein perfektes Plätzchen. Allerdings hat man vor der Buchung die Qual der Wahl: Lieber im Berghaus oder 4 km entfernt im Strandhaus wohnen? Yoga und Meditation sind immer inklusive, darüber hinaus lockt ein umfangreiches Kursangebot, u. a. balinesischer Tanz (www.gaia-oasis.com, Tel. 03 62/3 43 63 04).

Das **Shankari's Bali Retreat** (zuvor Sacred River Retreat) mit vegetarischem Restaurant liegt nur wenige Minuten zu Fuß vom schwarzsandigen Balian Beach im Südwesten der Insel entfernt. Hier treffen sich Ruhebedürftige und Yogafans – die morgendliche Meditation und ein Yogakurs sind inklusive (www.shankarisbaliretreat.com, Tel. 03 61/81 49 93). Weitere attraktive Spa-Hotels sind:

- **Tugu Bali**
  Bei Kerobokan – die Anlage atmet das Flair eines javanischen Palastes des 19. Jhs. › S. 72
- **Karma Kandara**
  Saunieren mit Strandblick auf der stillen Bukit-Halbinsel. › S. 75
- **Maya Ubud**
  Open-Air-Spa über der Petanu-Schlucht. › S. 92
- **Como Shambala**
  Hier lassen sich die Promis verwöhnen. › S. 92
- **Matahari Beach Resort**
  Wunderschönes Spa im Stil eines Wasserpalastes. › S. 117

Ganz spirituell: Yoga am Strand

nung schwerfällt, da weder auf Bali noch auf Java Vergleichbares gefunden wurde. Die meisten Forscher datieren ihn auf das 14. Jh. Die Reliefs zeigen Szenen aus dem täglichen Leben: einen Palmweinträger, reich geschmückte Frauen, einen Priester, spielende Tiere und eine Bärenjagd. Letztere gab Anlass zu Vermutungen, dass es sich um Szenen aus dem Krishnayana handeln könnte, also Erzählungen aus dem Leben Krishnas, einer Inkarnation des Hindugottes Vishnu. Deutlich auszumachen ist lediglich der elefantenköpfige Ganesha, der Gott der Weisheit, der von der Tempelpriesterin täglich mit duftenden Opfergaben verwöhnt wird.

Gunung Kawi

  [E4]

Ein landschaftlicher wie künstlerischer Höhepunkt erwartet die Besucher südlich des Holzschnitzerdorfs **Tampaksiring:** Das alte Heiligtum von Gunung Kawi. 300 Stufen führen hinab in die Schlucht des Pakerisan. Die Mühe lohnt sich: Bald öffnet sich der Blick auf ein grünes Tal, aus dem Felswände herauszuwachsen scheinen – neun riesige Steinmonumente in 7 m hohen Felsnischen, vier auf der einen Seite des Flusses, fünf auf der anderen Seite. Es handelt sich um sogenannte Felsencandis. Sie werden irreführend als Königsgräber bezeichnet (auf Bali wird die Asche der Verstorbenen heute wie wahrscheinlich damals dem Meer übergeben). Der

Begriff Candi ist javanisch, wird abgeleitet von einem Namen der Hindugöttin Durga, die mit dem Totenkult in Verbindung steht. In der Tat handelt es sich bei javanischen Candis um Mausoleen.

Die Einritzungen in einer Schrift, die nur rund hundert Jahre zwischen dem späten 10. und 11. Jh. benutzt wurde, grenzen ihre Entstehung zeitlich ein. Für welchen König die Monumente errichtet wurden, ist aber nach wie vor ein Streitpunkt unter Archäologen. Einige wollen hier König Udayana mit seiner Familie – vor allem seiner Gattin Mahendradatta – verehrt sehen, andere sehen darin ein Ehrenmal für Anak Wungsu sowie seine acht Frauen und Konkubinen.

Bei keinem anderen Baudenkmal auf der Insel Bali zeigt sich der Einfluss der javanischen Kultur so dermaßen offensichtlich.

Rechts neben der Fünfergruppe gelangt man von einem unscheinbaren Tempel aus in ein labyrinthartiges Heiligtum, wahrscheinlich eine ehemalige Mönchsklause mit in den Felsen gehauenen Meditationsnischen.

Pura Tirtha Empul [E4]

Im Norden von Tampaksiring, am Oberlauf des Pakerisan liegt das Quellheiligtum Pura Tirtha Empul. Gott Indra persönlich soll die Quelle im Zentrum des Heiligtums geschlagen und damit den göttlichen Heerscharen die Unsterblichkeit ge-

Das kleine Quellheiligtum in Sebatu

schenkt haben. Dem Quellwasser werden besondere Kräfte zugesprochen. Einmal im Jahr bringen die Dorfbewohner in der Umgebung Masken und andere Kultgegenstände hierher, um sie im göttlichen Nass rituell zu reinigen und die magischen Kräfte zu erneuern. Oberhalb der Badeplätze liegt ein Sommerpalast des ersten indonesischen Präsidenten Sukarno. Weiter nördlich eröffnet sich bei **Penelokan** 6 ein fantastischer Blick über die Batur-Caldera. **50 Dinge** (9) › **S. 12.**

› **S. 12.**

SEITENBLICK

Indras Sieg über die Dämonen

Die archäologisch interessanteste Region Balis liegt zwischen zwei parallel verlaufenden Flüssen, dem **Petanu** und dem **Pakerisan.** Hier lag das Zentrum des ersten schriftlich belegten balinesischen Königreiches. Besonders entlang des Pakerisan, der sich durch eine Felsenschlucht windet, findet man zahlreiche Überreste von Mönchsklausen, Meditationsplätzen und Badeheiligtümern.

Der Petanu dagegen galt jahrhundertelang als verflucht: Der Legende nach kämpften hier Götter gegen Dämonen. Der Dämonenkönig Mayadanava ließ den Fluss in der Gegend des heutigen Tirtha Empul entspringen und vergiftete dessen Wasser, worauf die göttlichen Krieger, die davon tranken, starben. Darauf schlug Gott Indra ein Quell mit heiligem Wasser, das die göttlichen Krieger wiederbelebte und ihnen Unsterblichkeit schenkte. Magische Pfeile töteten schließlich die Dämonen.

Noch heute feiern die Balinesen zum Andenken an dieses Ereignis alljährlich das Galungan-Fest › **S. 34.** Das Wasser des Petanu durfte 1700 Jahre weder als Trinkwasser noch für die Felder genutzt werden. Erst in den 1920er-Jahren nach umfangreichen Reinigungszeremonien wurde die Bannfrist aufgehoben.

Pura Gunung Kawi 7 [E4]

Im Dorf Sebatu gibt es viele Holzschnitzer. Einen Besuch lohnt insbesondere das kleine Quell- und Badeheiligtum Pura Gunung Kawi (nicht zu verwechseln mit Gunung Kawi bei Tampaksiring › **S. 101**). Die moosüberwucherten Mauern und Skulpturen sorgen für eine mystische Atmosphäre. Einheimische genießen ein Bad in den Becken mit heiligem Wasser.

Hotel

Bagus Jati €€€
Ein Wellnessresort mit schönen Villen am Hang – ohne TV, aber mit Privat-Spa. Der Tag beginnt mit einer Yogastunde mit Talblick. Biokost wird aus eigenem Anbau serviert. Im Angebot sind Wanderungen, Kochkurse und eine Einführung in die indonesische Kräutermedizin › **S. 98**. Spa-Pakete können auch von Tagesbesuchern gebucht werden.
• Banjar Jati | Sebatu
  Tel. 03 61/90 18 88
  www.bagusjati.com

Tegalalang 8 [D/E4]

Der schönste Weg in den Norden führt auf einer Nebenstrecke über Tegalalang. Hauptattraktion sind die malerischen **!** Reisterrassen, die sich fotogen um die Hänge eines Flusstals hinziehen. Und weil hier alle Touristen anhalten, stürzen sich fliegende Händler sofort auf die Ankommenden, und wollen ihnen Holzfiguren und -schnitzereien ver-

kaufen, auf die sich das Dorf Tegalalang und weitere Dörfer in der Umgebung spezialisiert haben.

Restaurant

Café Dewi
Das Café ist ein toller Platz für einen Fruchtsaft mit Aussicht.
• Jl. Raya Tegalalang
  Tel. 03 61/7 44 10 59
  www.dewicafe.com

Affenwald von Sangeh 9 [D4]

Die Makaken, die im Affenwald von Sangeh hausen, genießen die Verehrung der Balinesen. Man sieht sie als Nachfahren des Affengenerals Hanuman an, der im Ramayana-Epos Rama im Kampf gegen den Dämonenherrscher Rawana beisteht. Gut erzogen sind sie nicht, die »heiligen« Affen, die nach Brillen und Taschen grapschen. Der Spaziergang durch den Wald mit prächtigen Muskatbäumen, die auf Bali nur hier wachsen, ist trotzdem schön und schattig. Einen Blick wert ist auch der kleine Meditationstempel mit einer eindrucksvollen Garuda-Statue.

Makaken im Affenwald von Sangeh

NORDBALI

Kleine Inspiration

- **In Penelokan** einen Blick in die Caldera des Batur-Vulkans wagen › S. 114
- **Am Gitgit-Wasserfall** eine kräftige Dusche nehmen › S. 109
- **In den Plantagen** bei Munduk Gewürze schnuppern › S. 110
- **Einen Wellnesstag** in den heißen Quellen (Air Panas) von Brahma Vihara verbringen › S. 110
- **Im Tempel Pura Meduwu Karang** die Kunstfertigkeit balinesischer Steinmetze bewundern › S. 113
- **Das Riff vor Pulau Menjangan** mit Maske und Schnorchel erkunden › S. 117

Grauschwarze Lavastrände säumen die Küsten des Nordens mit dem ruhigen Badeort Lovina. Lovina ist idealer Ausgangspunkt zur Erkundung der alten Hauptstadt Singaraja und der Caldera des Batur-Vulkans.

Der Batur-Vulkan im Hochland südöstlich von Lovina gehört zu den interessantesten Trekking-Revieren der Insel. Die Region rund um die drei heiligen Bergseen von Bedugul lädt mit schönen Wanderungen durch Gewürzhaine und zu Wasserfällen ein. Im äußersten Inselwesten locken Ausflüge in den Bali-Barat-Nationalpark – zum Trekken, aber auch zum Schnorcheln und Tauchen. Berühmtheit genießen schließlich zu Recht die Tauchgründe vor der Nationalparkinsel Menjangan.

Touren in der Region

 ## Das Hochland von Bedugul

Route: Südbali / Ubud › Mengwi › Bedugul › Bratan-See › Candi Kuning › Gitgit-Wasserfall › Singaraja

Karte: Seite 106
Länge: 85 km
Dauer: 1 Tag, Fahrzeit 4 Std./Strecke
Praktische Hinweise:
• Es empfiehlt sich ein Mietwagen mit oder ohne Fahrer. Mit Perama-Bussen gibt es nur eine direkte Verbindung von Ubud zum Bratan-See.

Tour-Start:

Von Südbali über Mengwi oder von Zentralbali über Ubud und Mengwi geht es nach Norden. In dem klei-

Wandern am Gunung Batur – am besten mit festem Schuhwerk und lokalem Guide

nen Dorf **Mengwi** › S. 79 liegt einer der schönsten Tempel Balis, Pura Taman Ayun.

Etwa eine knappe Stunde dauert die Weiterfahrt ins Hochland von **Bedugul** **1** › S. 109 mit dem idyllischen See **Danau Bratan** **2** › S. 109, der inmitten der Caldera eines urzeitlichen und längst erloschen Vulkans liegt. Der zauberhafte Seetempel Pura Ulun Danu › S. 105 allein ist schon einen Besuch wert. Interessant ist aber auch der Botanische Garten und der bunte Gewürz-, Obst- und Blumenmarkt von **Candi Kuning** **3** › S. 109.

Bei der Weiterfahrt an die Nordküste nach Singaraja oder Lovina kann man einen Spaziergang zum **Gitgit-Wasserfall** **4** › S. 109 unternehmen. Eine schöne Nebenroute führt über **Munduk** **5** › S. 110 mit stillen Berglandschaften und prächtigen Ausblicken über die Reisfelder zum Meer.

Tour 6
Singaraja und die Tempel des Nordens

• Die beste Zeit für den Tourstart ist nachmittags, um gegen 18 Uhr am Nachtmarkt in Singaraja zu sein.

Route: **Lovina** › Pura Jagaraga › **Pura Meduwe Karang** › **Singaraja** › **Lovina**

Karte: Seite 106
Länge: 35 km
Dauer: 3 Stunden
Praktische Hinweise:
• Nehmen Sie für die Fahrt einen Mietwagen mit oder ohne Fahrer.

Tour-Start:

Auf dieser Tour lernt man die zwei interessantesten Tempel des Nordens kennen mit einem stimmungsvollen Finale auf dem Nachtmarkt von Singaraja. Von **Lovina Beach 8** › **S. 111** aus geht es zunächst auf der Hauptstraße in Richtung Singaraja und nach wenigen Kilometern bei Sangsit weiter auf einer Nebenstre-

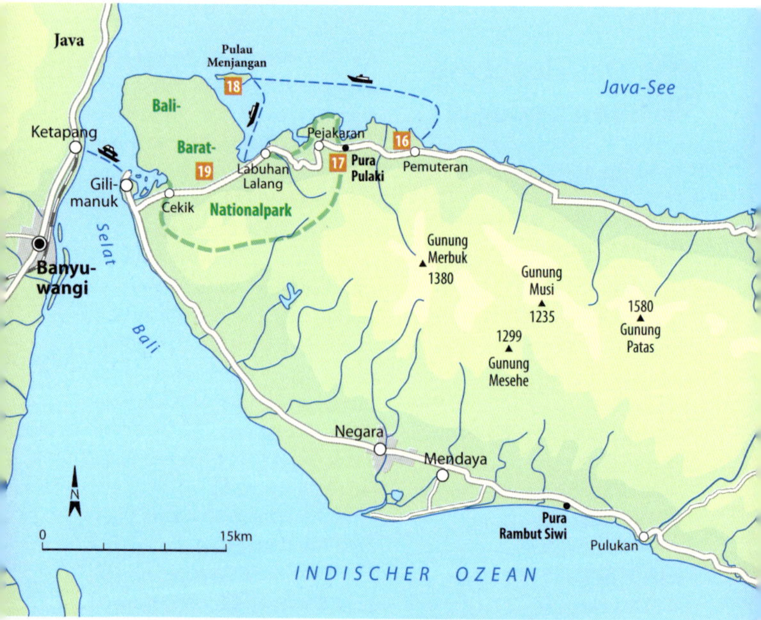

Touren in Nordbali

Tour 5

Das Hochland von Begudul

Südbali / Ubud › Mengwi › Bedugul › Bratan-See › Candi Kuning › Gitgit-Wasserfall › Singaraja

cke in südöstlicher Richtung zum prächtig geschmückten Unterweltstempel **Pura Jagaraga** 10 › S. 113. Danach fährt man wieder Richtung Norden bis man kurz vor Kubutambahan zum Tempel **Pura Meduwe Karang** 11 › S. 113 mit dem berühmten Relief des »Lotos-Fahrrads« gelangt. Von dort sind es nur knapp 10 km zurück nach **Singaraja** 9 › S. 113. Sobald es dunkel wird, werden die Garküchen aufgebaut, die hier um die Wette brutzeln. Sich durch die Stände durchzuprobieren ist eine spannende Entdeckungsreise – absolut authentisch!.

Tour 7 Wasserfälle, Seen und heiße Quellen

Route: Lovina › Gitgit-Wasserfall › Bratan-See › Munduk › Brahma Vihara › Air Panas (heiße Quellen)

Karte: Seite 106
Länge: 75 km, kurvenreiche Strecke
Dauer: 1 Tag
Praktische Hinweise:
• Nehmen Sie für die Fahrt einen Mietwagen mit oder ohne Fahrer.

Tour 6
Singaraja und die Tempel des Nordens
Lovina › Pura Jagaraga › Pura Meduwe Karang › Singaraja › Lovina

Tour 7
Wasserfälle, Seen und heiße Quellen
Lovina › Gitgit-Wasserfall › Bratan-See › Munduk › Brahma Vihara › Air Panas (heiße Quellen)

Tour-Start:

Von Lovina führt die Straße zunächst über Singaraja, wo man den Abzweig nach Bedugul am Bratan-See nimmt. Ein Abstecher führt zum **Gitgit-Wasserfall 4** › S. 109, wo eine erfrischende Badepause lockt. Dann schlängelt man sich weiter bergwärts.

Nächstes Ziel ist **Bedugul 1** und der **Danau Bratan 2** › S. 109, wo es neben dem idyllischen Seeheiligtum **Pura Ulun Danu** › S. 109 den Botanischen Garten und im Ortsteil **Candi Kuning 3** › S. 109 einen interessanten Markt u. a. für balinesische Gewürze zu sehen gibt.

Nun geht es 9 km zurück, und oberhalb der **Seen Buyan** und **Tamblingan** bieten sich herrliche Ausblicke bis **Munduk 5** › S. 110. Dort kann man sich bei einer Mittagspause im Hotel Puri Lumbung erfrischen. Die Blicke von hier oben reichen bei klarer Sicht über Reisfelder und Gewürzplantagen hinweg bis zum Meer.

Die Straße windet sich weiter an Reisterrassenlandschaften vorbei durchs Hochland. Kurz vor Seririt führt im Dorf Pengastulan ein Abzweig in Richtung **Banjar** zum buddhistischen Kloster **Brahma Vihara 7** › S. 110, wo man in den Meditationshallen in eine friedliche Welt eintaucht. Eine schöner Abschluss der Tour ist eine Badepause in den heißen Quellen **Air Panas** in der Nähe, bevor es zurück nach Lovina an den Strand geht.

Naturschauspiel mit prickelnder Gischt – Gitgit-Wasserfall

Unterwegs in Nordbali

Bedugul 1 [D3]

In Begudul lohnt der weitläufige **Botanische Garten** mit 600 Baumarten, Orchideen-, Heilkräuter- und Bambusgarten, in dem man problemlos einen Tag verbringen kann, einen Besuch. Neueste Attraktion für Familien inmitten des Botanischen Gartens ist der Bali Treetop Park (www.balitreetop.com), ein Hochseilgarten, in dem man auf fünf Parcours seine Geschicklichkeit beweisen kann.

Manche Besucher zieht es auch wegen der erfrischenden kühleren Temperaturen und einem der schönsten Golfplätze Ostasiens in diese Gegend. Der **Bali Handara Golf Club** wurde unweit des Seeufers angelegt. Ein Traum für jeden Golfspieler: Wo sonst kann man in einem echten Vulkan pitchen und putten?

Hotel

Handara Kosaido Country Club €€€
Elegantes Resort-Hotel, das zum Golfclub gehört. Erste Wahl für Golfer – Hausgäste zahlen ermäßigte Greenfees.
• Candi Kuning Bedugul
Tel. 03 62/3 42 26 46
www.balihandarakosaido.com

Danau Bratan 2 ⭐ [D3]

Der von nebelverhangenen Wäldern gesäumte Bratan-See bei Bedugul liegt inmitten der Caldera eines urzeitlichen Vulkans und sichert die Bewässerung der Reisfelder der Region. Er steht unter dem Schutz von Dewi Danu, der Göttin der heiligen Bergseen. Kein Wunder, dass ihre pittoreske Tempelanlage am Westufer bei **Candi Kuning 3, Pura Ulun Danu,** häufig von Einheimischen besucht wird. Die inneren Höfe des Heiligtums, umgeben von einem wunderschönen Garten, dürfen nur von Balinesen betreten werden. Das Lieblingsmotiv der Fotografen aber liegt sowieso außerhalb: zwei *merus,* die sich auf einer kleinen Insel im See erheben und eine äußerst fotogene Kulisse bilden.

Shopping

In Candi Kuning lädt der farbenfrohe **Gewürz-, Obst- und Blumenmarkt** – inzwischen durch Kunsthandwerk ergänzt – zum Schnuppern und Einkaufen ein. ❗ Hier kann man sich gut mit Gewürzen von der Insel eindecken.

Gitgit-Wasserfall 4 [D2]

Aus 40 m Höhe stürzt das Wasser in eine Schlucht mitten im Bergwald. Der Spazierweg von rund einer Stunde ist von Verkaufsbuden gesäumt. Für Einheimische wie Besucher gibt der Wasserfall eine Traumkulisse für ein erfrischendes Bad im Felspool ab.

Munduk 5 [C3]

Das kleine Bergdorf liegt eingebettet in einem riesigen Gebiet aus
Kaffee-, Kakao-, und Gewürzplantagen. Schon die holländischen Kolonialherren suchten hier im kühlen
Bergklima Erfrischung. In einigen
der Kolonialvillen kann man heute
(bescheiden) wohnen. Munduk ist
bester Ausgangspunkt für Wanderungen im Bergland. Die beiden
östlich von Munduk gelegenen Seen
Tamblingan und **Buyan** kann man
auf der Nebenstrecke nach Munduk
von oben bewundern. Oder man
bucht im Hotel **Puri Lumbung** eine
geführte Wanderung zu den malerischen Seen.

Hotel

Puri Lumbung €€–€€€
Ein idealer Platz, um balinesisches
Dorfleben und balinesische Kultur
zu studieren. Geführte Wanderungen,
Kochkurse, Tanzkurse oder Meditation
unter Anleitung gehören zum Pro-
gramm, das die Dorfgemeinschaft von
Munduk einbezieht. Die Gäste schlafen
in doppelstöckigen Bungalows, die
Reisspeichern nachempfunden sind.
Von den Veranden blickt man bei klarer
Sicht bis zum Meer.
• Munduk | Tel. 08 51/00 21 06 75
  www.purilumbung.com

Günstiger wohnt man in Zimmern (€)
im Dorf, dem Hotel angegliedert.

Restaurant

Ngiring Ngewedang €
Einfache, schnörkellose Gerichte und
großartige Ausblicke. Nach dem Essen
stärkt man sich mit einem Kopi Bali
(Kaffee auf balinesische Art), der in den
Plantagen nebenan gereift ist.
• Munduk | Tamblingan
  Tel. 08 12/3 80 70 10
  www.ngiringngewedang.com

Pupuan 6 [C3]

Rund um Pupuan liegen einige der
schönsten Reisterrassenlandschaften der Insel: Wie Himmelstreppen
sind die Nassreisfelder *(sawahs)* angelegt. Vom Getränkestand aus
kann man verfolgen, wie das Wasser
für die Felder von Flüssen und Kanälen abgezweigt und von den
höheren zu den tiefer gelegenen
Terrassen geleitet wird.

Brahma Vihara 7 [C2/3]

Das thai-buddhistische Kloster bei
Banjar Teghe, das erst in den 1970er-
Jahren mit Spendengeldern aus
Thailand errichtet wurde, ist eine
Oase des Friedens. Es wird noch von
Mönchen bewohnt. Die Wände der
Meditationshalle schmücken Dar-
stellungen aus dem Leben Gautama
Buddhas. Interessant ist eine Replik
des javanischen Borobudur-Tem-
pels, des größten buddhistischen
Heiligtums der Welt. Nicht weit vom
Kloster sprudelt in den heißen Quel-
len (Air Panas) 38 °C warmes
Schwefelwasser aus den Mündern
steinerner Fabelwesen in zwei Bas-
sins – ein wohltuendes Badevergnü-
gen. Auf dem Gelände kann man
sich auch massieren lassen.

Am schwarzen Sandstrand von Lovina Beach

Lovina **8** [C2]

Die grauschwarzen Lavastrände
und die entspannte Atmosphäre
von Lovina Beach gelten seit den
1980er-Jahren als ruhige Alternative zum umtriebigen Süden. Tatsächlich scheint jenseits des vulkanischen Hochlandes eine neue Welt
zu beginnen. Die Landschaft ist
trockener, der Reis sprießt weniger
üppig und die Menschen sind verschlossener. Vom Tourismus erhoff-
te man Wohlstand, doch so recht
konnte Lovina das Aschenbrödel-
Image nie abstreifen. Der Massentourismus blieb im Süden und die
Individualtouristen fanden neue
Ziele.

Lovina Beach ist ruhiger als Kuta
oder Legian im Süden. Wer hierher
kommt, will vor allem eines: Erholung und die Reize von Balis Norden erkunden. Kilometerlang dehnt
sich der Ort und seine Strände aus.
Schöne Tauchreviere liegen gleich
in der Nähe. **50 Dinge** ① › **S. 12.** Vor
der Küste tummeln sich Delfine, die
man auf Bootsausflügen beobachten kann. Als Standort zur Erkundung des Inselnordens ist Lovina in
jedem Fall für ein paar Tage eine
sehr gute Wahl.

Hotels

Damai Lovina Villas €€€
Acht erlesen mit Antiquitäten und Gusto
eingerichtete Bungalows in den Hügeln
oberhalb von Lovina. Zum Schwärmen
schön: ❗ die Ausblicke auf die Küste
und die ausgezeichnete Küche.
• Kayuputih | Tel. 03 62/4 10 08
  www.thedamai.com

Puri Bagus Lovina €€€
Idyllische Bungalowanlage an einem
ruhigen Strandabschnitt, schöner Bar-
Bereich. Strand-Bales zum Relaxen,
Tauchcenter mit deutschsprachiger
Betreuung, Spa mit sehr fairen Preisen,
Restaurant.
• Jl. Raya Seririt | Pemaron
  Tel. 03 62/2 14 30
  www.lovina.puribagus.net

Der mehrterrassige Tempel Pura Meduwe Karang ist dem Herrn der Felder gewidmet

Aneka Lovina Hotel €€
Mittelklassehotel in schöner Strandlage,
auch bei Gruppen beliebt.
• Jl. Raya Kalibukbuk | Kalibukbuk
  Tel. 03 62/4 11 21
  www.anekalovinabali.com

Rambutan Cottages €–€€
! Ideal für Familien: mit Spielplatz,
Pool und Baumhaus, 200 m vom Strand.
• Kalibukbuk | Tel. 03 62/4 13 88
  www.rambutan.org

Banyualit Beach Inn €
Hübsche Zimmer und Bungalows in
schönem Garten mit Pool und Spa, ausgezeichnetes Preis-Leistungs-Verhältnis.
• Kalibukbuk-Lovina | Tel. 03 62/4 17 89
  www.banyualit.com

Restaurants
Damai Lovina Villas (s.o.) €€€
Gehobene Fusion-Küche, beliebt bei
Gourmets.
• Kayuputih | Tel. 03 62/4 10 08
  www.thedamai.com

Café Spice €€
Würzige Küche aus Ost und West im
sympathischen Strandlokal. Top-Location
bei Sonnenuntergang.
• Kalibukbuk | Tel. 03 62/4 15 09

Warung Bambu Pemaron €€
Hier serviert ein deutsch-balinesisches
Paar ausgezeichnete balinesische Küche
und frische Meeresfrüchte. In Kochkursen geben sie ihr Wissen weiter.
• Jl. Hotel Puri Bagus | Pemaron
  Tel. 03 62/3 14 55
  http://warung-bambu.mahanara.com

Kakatua €–€€
In Meeresfrüchten schwelgen zu über-
schaubaren Preisen.
• Jl. Pantai Binaria | Lovina
  Tel. 03 62/4 13 44

Singaraja 9 [D2]

Die wirtschaftliche Metropole des
Nordens zählt ca. 35 000 Einwohner
und ist die Hauptstadt des Regie-

rungsbezirks Buleleng. Die Holländer eroberten Bali von Singaraja aus – damals wichtigste Hafenstadt der Insel und bis 1945 Inselhauptstadt. Einen historisch wertvollen Schatz hütet die **Bibliothek Gedung Kirtya** an der Jalan Veteran. Zur Sammlung der rund 3000 **Lontarbücher** › S. 125 gehören die ältesten Schriftzeugnisse Balis. Wer übernachten möchte, fährt besser in den nur ein paar Kilometer entfernten Badeort Lovina mit seinen Strandhotels.

Shopping

Einen Bummel wert ist der **Markt**, wo tagsüber Obst und Gemüse, Jeans, T-Shirts und DVDs an den Kunden gebracht werden. Nach Einbruch der Dunkelheit verwandelt er sich in ein Schlemmerparadies mit zahlreichen Garküchen, aus denen es nach Satay-Spießen und anderen Leckereien aus allen Teilen Indonesiens duftet.

Pura Jagaraga

  [D2]

Der Unterwelttempel mit seiner Formenplastik und Dekorfülle in **Sawan**, nordöstlich von Singaraja, ist ein Highlight der nordbalinesischen Tempelbaukunst. Die von Zierornamenten förmlich überwucherten Tore und Mauern erinnern an tropische Gewächse. Auffallend ist das in die Breite gezogene und daher gedrungen wirkende gedeckte Tor, auf dem furchterregende Dämonen und Rangdas mit üppigen Hängebrüsten, langen Krallen und Ketten aus Totenköpfen Angst und Schrecken verbreiten sollen.

An in Stein gemeißelte Comicstrips erinnern die kunstvollen Reliefs auf beiden Seiten der Außenmauer, die man als ein Stück balinesische Geschichtsschreibung in Eintracht mit ihrem Weltbild deuten könnte. Im Mittelpunkt steht der Fremde – vielleicht ein Holländer – und die von ihm ausgehende potenzielle Bedrohung: Mal nähert sich die Gefahr per Schiff, mal per Flugzeug oder mit einem Ford T-Modell. Die Darstellungen zeugen aber auch vom Humor der Balinesen.

Pura Meduwe Karang 11 [D2]

Im Ortskern von **Kubutambahan,** rechter Hand der Straße, erstreckt sich über drei Terrassen das Heiligtum Pura Meduwe Karang. Es ist dem »Herrn der Felder« gewidmet, der als männliches Pendant der Reisgöttin Dewi Sri betrachtet wird. Berühmt ist das Relief eines Fahrradfahrers auf der nördlichen Umfassungsmauer, es soll den holländischen Völkerkundler Nieuwenkamp zeigen, der 1904 Bali mit dem Fahrrad erkundete.

In der balinesischen Interpretation ist es ein **Lotus-Fahrrad,** da das Hinterrad als Lotusblüte dargestellt ist. Oft ziert eine echte Frangipaniblüte das steinerne Ohr des Radfahrers. Andere Reliefs zeigen eine Legong-Tänzerin und ländliche Szenen.

Auch heute noch raucht und spuckt der Batur manchmal

Um den Gunung Batur 12 ⭐ [E3]

Das Bergland mit seinen Vulkanen gehört zu den eindrucksvollen Erlebnissen einer Bali-Reise, allen voran der Batur-Vulkan mit dem Batur-See mitten in der kargen Mondlandschaft eines noch älteren Vulkans. Ganz im Gegensatz zu den üppig grünen Reisfeldern und Gewürznelkenplantagen im Hinterland der Küste, ist die Vegetation spärlich. Das Land ist deutlich dünner besiedelt als im Süden Balis, das Klima kühler, und auch die Menschen wirken verschlossener als die Südbalinesen, manchmal sogar etwas schroff und abweisend.

Wahrhaft atemberaubend ist der Blick von **Penelokan** (Ort der Aussicht). Von dem auf 1450 m Höhe liegenden Ort ❗ hat man eine fantastische Aussicht auf den noch aktiven Vulkan (1771 m) und die tief unten sich weit nach Nordosten erstreckende Caldera. Der riesige Einbruchkessel – mit einer Ausdehnung von 10 × 14 km einer der größten der Welt – ist in Urzeiten durch eine Vulkanexplosion entstanden. Der smaragdgrüne **Batur-See** füllt die Caldera gerade zu einem Drittel. Flankiert wird der See von den steil abfallenden Hängen des jetzigen Vulkanbergs, der erst durch spätere Ausbrüche mitten in der Caldera entstanden ist, sozusagen ein Vulkan im Vulkankrater.

Verheerende Ausbrüche des Batur u. a. zwischen 1917 und 1926 kosteten zahlreiche Menschenleben, weshalb das Dorf Batur mitsamt seinem Seetempel **Pura Ulun Danu Batur** › S. 116 vom See nach Kintamani an den Kraterrand umsiedelte. Zuletzt zeigte sich der Batur 1994 mit einem vergleichsweise harmlosen Ausbruch aktiv. Die an manchen Stellen austretende Fumarolen zeugen davon, dass der Feuerberg nur ruht, aber nicht schläft.

Wie der Gunung Agung im Osten Balis wird auch der Batur von den Balinesen als Göttersitz verehrt. Nach einer alten Legende spaltete Gott Shiva den Götterberg Mahameru, um die Teile als Gunung Agung und Gunung Batur nach Bali zu bringen. Am Südostufer des Sees erhebt sich der 2153 m hohe **Gunung Abang,** der höchste Punkt der Caldera.

Schräg gegenüber vom Lakeview Hotel in Penelokan liegt ein kleines Museum, das über Vulkanismus in Indonesien und speziell auf Bali informiert (10–17 Uhr). Der Clou sind Animationen für Kinder und Fernrohre zur Vulkanbetrachung im Obergeschoss.

Hotel

Lakeview Hotel €–€€
Beste Unterkunft am Kraterrand mit Zimmern in unterschiedlichen Kategorien und einzigartigem Blick in die Caldera. Eine Batur-Besteigung kann von hier aus organisiert werden.
• Penelokan
Tel. 03 66/5 25 25
www.lakeviewbali.com

Restaurant

Puri Sanjaya €–€€
Mit Aussichtsterrasse direkt an der Caldera-Promenade.
• Jl. Penelokan | Tel. 03 61/5 10 92

Besteigung des Batur

Wer etwas Zeit mitbringt, sollte die Fahrt in die Caldera nicht scheuen. Etwa eine halbe Stunde Fahrt lang schlängelt sich die Straße hinunter zum Dorf **Toya Bungkah** 13 [E3], vorbei an Lavaströmen vom letzten großen Ausbruch des Batur. Der Ort ist Ausgangspunkt für eine **Batur-Besteigung.** Der Aufstieg gehört zu den großen Naturerlebnissen einer Bali-Reise, er fordert aber eine gewisse Kondition.

In Toya Bungkah setzt sich in der Trockenzeit gegen 4 Uhr morgens die Karawane der Trekker in Bewegung. Zwei bis drei Stunden sollte man mindestens einplanen für den Weg, der zunächst sanft ansteigt, um im letzten Drittel steil gipfelwärts zu führen. Unverzichtbar für die Besteigung sind festes Schuh-

Der Pura Ulun Danu

werk (scharfkantige Lava und rutschiger Lavastaub auf dem oberen Wegstück) und eine Taschenlampe. Bergführer sind empfehlenswert, eine ortskundige Begleitung gibt in der Dunkelheit Sicherheit. Wanderer ohne Guide werden außerdem häufig von Einheimischen belästigt. Für Getränke unterwegs ist gesorgt, und Warungs bieten auf dem Gipfel ein Frühstück an. Lohn für die Mühen: grandiose Aussicht und der atemberaubende Blick in den Krater bei Sonnenaufgang. Bei guten Sichtverhältnissen reicht die Sicht bis zum Rinjani-Vulkan auf Lombok. Danach bieten die heißen Quellen in Toyah Bungkah die verdiente Erholung von den Strapazen. Alternativ kann man gegen Eintrittsgebühr ein paar Runden im Pool des Toya Devasya Resort & Spa schwimmen.

Hotel

Toya Devasya Resort & Spa
Villen: €€–€€€, Zelt: €.
Deluxe-Villen und Zeltübernachtungen (etwas überteuert!), mit schönem Schwimmbad.

Meereeschildkröte vor Menjangan Island

- Toya Bungkah
Tel. 08 13/38 32 55 52
www.toyadevasya.com

Kintamani 14 [E3]

Von Penelokan fährt man am Caldera-Rand entlang durch Kintamani mit seinem eindrucksvollen Heiligtum **Pura Ulun Danu Batur**. Dieses lag ursprünglich im Dorf Batur in der Caldera. Dorf und Tempel wurden beim Ausbruch 1926 zerstört und am Kraterrand wieder aufgebaut.

Penulisan 15 [E3]

Über 300 Stufen führen zum höchstgelegenen Heiligtum der Insel: **Pura Tegeh Koripan** auf dem Gunung Penulisan (1745 m) erstreckt sich über zwei schlichte Höfe, die nicht mit den sonst üblichen *merus* ausgestattet sind. Stattdessen überrascht eine Vielzahl von Pavillons, die eine statthafte Sammlung von Steinskulpturen beherbergen. Es handelt sich um Darstellungen von Göttern und Herrschern, Fundmaterial, das bis ca. 1000 Jahre zurückdatiert werden kann. Ungeklärt sind Herkunft und Alter einzelner Figuren, von denen einige mit einem Lingam-Yoni-Motiv als Symbol für den Dualismus männlich-weiblich ausgestattet sind.

Die Nähe zu den Göttern gestattet himmlische Blicke zum Batur und Agung, bei klarer Sicht sogar bis hinüber zum Gunung Rinjani auf Lombok. Hier hat auch die Straße ihren höchsten Punkt erreicht, bevor sie sich nach Singaraja bzw. nach Ubud hinunterschlängelt.

Pemuteran 16 [B2]

Noch vor gut 10 Jahren war Pemuteran nur ein Straßendorf im Nordwesten Balis auf dem Weg von Java nach Singaraja.

Heute ist es ein Urlaubsort im Miniformat. Eine Handvoll kleiner Hotels, vom Luxushotel bis zum Homestay, reihen sich am schönen schwarzen Lavastrand aneinander. Wer Szenetrubel und Discolärm im Urlaub sucht, ist hier sicher fehl am Platz. Wem das Rauschen der Palmen und das Plätschern der Wellen als Unterhaltungsprogramm ausreichen, wird wunderbare Tage genießen. Vor allem Taucher und Schnorchler finden hier ihr Paradies. Die ersten Versuche mit Maske und Schnorchel kann man am Hausriff unternehmen.

Und das schönste Tauchrevier Balis – die Insel Menjangan – liegt vor der Haustür.

Ausflug zum Pura Pulaki 17 [B2]

Das Schutzheiligtum liegt unweit östlich von Pemuteran und gehört zu den Nationaltempeln der Insel. Hüter der schmucklosen Anlage sind Langschwanzmakaken, die als besonders bösartig gelten. Darum besser Abstand halten!

Die Gründung des Tempels wird dem Priester Sanghyang Nirartha zugeschrieben, der im beginnenden 16. Jh. die Lehre des Hinduismus auf Bali entscheidend beeinflusste.

Pulau Menjangan

18 ⭐ [A2]

Die Bali im Nordwesten vorgelagerte trockene Insel gehört zum Nationalpark Bali Barat. Die Unterwasserwelt mit ihren farbenprächtigen Korallen und zahllosen bunten Rifffischen gilt als Dorado für Taucher und Schnorchler. Organisierte Tagesausflüge können in Lovina oder in Pemuteran in Hotels oder bei Tauchveranstaltern › S. 30 inselweit gebucht werden.

Hotels

Mimpi Resorts Menjangan €€€
Bester Ausgangspunkt für die Touren im Nationalpark und zur Insel Menjangan. ❗ Rooftop-Bar mit Dschungelblick.
• Banyuwedang | Menjangan
Tel. 03 62/9 44 97
www.mimpi.com

Matahari Beach Resort €€€
In den wunderschönen Bungalows des Boutiquehotels schnitzten balinesische Holzschnitzer um die Wette. Das Ergebnis: Bali-Barock vom Feinsten. Eines der schönsten Spas Balis, im Stil eines Wasserpalastes, ein riesiger Pool, die deutsche Tauchschule sowie ein hervorragendes Restaurant machen den Aufenthalt perfekt.
• Jl. Raya Seririt | Pemuteran
Tel. 03 62/9 23 12
www.matahari-beach-resort.com

Taman Sari €–€€
Ein kleines Paradies mit schattigem Garten, Pool und Spa am schwarzen Strand. Das Angebot der Unterkünfte

Anmutig wie die Natur der Insel: Banteng-Rind mit Kalb

reicht vom einfachen Standardzimmer über hübsche Bungalows bis zu geräumigen Villen mit mehreren Zimmern. Viele Stammgäste.

• Pemuteran
  Tel. 03 62/9 32 64
  www.balitamansari.com

Pondok Sari €

Die kleine Bungalowanlage punktet mit schattigem Garten, Pool, Spa und Tauchbasis sowie ausgezeichnetem Preis-Leistungs-Verhältnis.

• Pemuteran
  Tel. 03 62/9 47 38
  www.pondoksari.com

Bali-Barat-Nationalpark 19 [A2]

Der rund 700 km² große Nationalpark Bali Barat ist ein Dorado für Ornithologen, ist er doch eines der letzten Refugien der vom Aussterben bedrohten Rothschild-Minas, der Bali-Stare. Mit ein wenig Glück lassen sich verschiedene Affen- und Rotwildarten sowie die stark gefährdete Wildform des Bali-Rindes beobachten. Der von dichten Monsunwäldern überzogene östliche Teil des Parks ist nicht zugänglich. Die Parkverwaltung PHPA (Mo bis Do 8–14, Fr 8–11, Sa 8–12.30 Uhr, www.tnbalibarat.com, Tel. 03 65/6 10 60) sitzt in Cekik, 3 km östlich von Gilimanuk; sie stellt Besuchsbescheinigungen aus und vermittelt auch Führer in den westlichen Teil des Parks, zu dem auch die Insel Menjangan mit ihren faszinierenden Korallengärten gehört. Die Outdoor-Agenturen Adventure Tours wie auch Sobek bieten organisierte Trekking-Touren an › S. 30.

Der Besakih-Tempel

OSTBALI

Kleine Inspiration

- **Den Blick von Putung** bis zum Indischen Ozean genießen › S. 120
- **Mit einem der bunten Auslegerboote** in Candi Dasa oder Amed auf große Fahrt gehen › S. 123, 132
- **Am Blue Lagoon Beach** in Padang Bai einen Tag verträumen › S. 125
- **Sich am Besakih-Tempel** unter die Pilger mischen › S. 128
- **Mußestunden im Wasserpalast** Tirthagangga genießen › S. 130

Im Inselosten streckt sich Balis Göttersitz Nummer eins, der Vulkan Gunung, 3142 m in den Himmel. An seine Flanke schmiegt sich der bedeutendste Inseltempel Pura Besakih. Beliebter Standort in der Region ist Candi Dasa.

Obwohl Wellen den Strand von Candi Dasa hinweggespült haben, seit Dynamitfischerei das schützende Korallenriff zerstört hat, ist der Ort nach wie vor ein perfekter Ausgangspunkt zur Erkundung des Inselostens. Unweit von Candi Dasa liegt das Bali-Aga-Dorf Tenganan. Weiterer kultureller Höhepunkt ist die Gerichtshalle Kerta Gosa in Klungkung. Faszinierend sind auch die unzähligen terrassierten Reisfelder, die zu Spaziergängen einladen. Im Wasserpalast von Tirthagangga kann man im Quellwasserbecken ein erfrischendes Bad nehmen. An der dünn besiedelten Ostküste locken ruhige Strände und schöne Tauch- und Schnorchelreviere wie Amed oder Tulamben.

Touren in der Region

Tour 8

Kultur & Natur

Route: Candi Dasa › Goa Lawah › Padang Bai › Klungkung › Besakih › Wanderung von Putung nach Manggis › Candi Dasa

Karte: Seite 121
Länge: 140 km, inkl. 7 km Wanderung
Dauer: 1 Tag, Fahrzeit ca. 2,5–3 Std., Wanderung 2–3 Std.
Praktische Hinweise:
• Für diese Tour ist ein Mietwagen nötig, wenn man die Wanderung machen will, unbedingt mit Fahrer.

Tour-Start:

Von Candi Dasa führt die Hauptstrecke in Richtung Klungkung. 3 km hinter **Padang Bai** **3** › S. 125 erreicht man das Unterweltheiligtum **Goa Lawah** **4** › S. 126 und kann gegenüber am Strand die Salzgewinnung bestaunen. Nach der Besichtigung der Gerichtshalle Kerta Gosa in **Klungkung** **5** › S. 126 verlässt man die Stadt in nördlicher Richtung. Die Straße steigt sanft an und mit etwas Glück zeigt sich der Göttersitz Gunung Agung wolkenfrei. Auf der Höhe des Aussichtspunktes Bukit Jambul säumen Nelkenbäume und Kaffeesträucher die Straße, die zwischen Klungkung und dem **Pura Besakih** **6** › S. 128 900 Höhenmeter überwindet. Nach der Besichtigung von Balis wichtigstem Tempel geht es zunächst auf gleicher Strecke zurück nach Rendang, von dort folgt man dem Abzweig nach Osten in Richtung Selat und Putung. Das (geschlossene) Putung Hill Resort in **Putung** ist

Ausgangspunkt für eine sehr schöne Wanderung, die das Dorf mit dem küstennahen Ort Manggis verbindet. Bitten Sie Ihren Fahrer, auf Sie beim Hotel Puri Bagus Manggis zu warten. Der Weg führt immer geradeaus, leicht abwärts durch Salakplantagen und Reisterrassen, wobei sich immer wieder spektakuläre Ausblicke auftun. Nach 2–3 Std. erreicht man den Treffpunkt. Nun sind es noch 15 Min. Fahrt zurück nach Candi Dasa.

Am Fuß des Gunung Agung

Route: Candi Dasa › Ujung › Amlapura › Tirthagangga › Candi Dasa

Karte: Seite 121
Länge: 50 km
Dauer: 1 Tag, Fahrzeit ca. 2 Std.

Touren in Ostbali

Tour 8

Kultur und Natur

Candi Dasa › Goa Lawah › Padang Bai › Klungkung › Besakih › Wanderung von Putung nach Manggis › Candi Dasa

Tour 9

Am Fuß des Gunung Agung

Candi Dasa › Ujung › Amlapura › Tirthagangga › Candi Dasa

Praktische Hinweise:
• Auf der Strecke zwischen Candi Dasa und Tirthagangga bzw. Ujung verkehren Lokalbusse und Bemos. Komfortabler ist ein Mietwagen mit oder ohne Fahrer.

Tour-Start:

Die Fahrt von Candi Dasa nach Amlapura führt durch eine faszinierende Reisterrassenlandschaft. Einige der Lavaströme, die beim Ausbruch des Gunung Agung 1963 im Südosten von Karangasem die Landschaft versteinerten, haben sich durch die schnelle Verwitterung bereits in fruchtbare Böden verwandelt. Unterwegs bieten sich viele Stopps an, um das zauberhafte Bild der Reisterrassen zu fotografieren. Von **Candi Dasa 1** › **S. 123** geht es auf der Hauptstraße Richtung Osten zum ehemaligen Wasserpalast von **Ujung 7** › **S. 130**.

Die Tour führt weiter nach **Amlapura**. Bis zum Ausbruch des Gunung Agung im Jahr 1963 trug die Stadt den gleichen Namen wie die Provinz bzw. das alte Königreich: Karangasem. Von den vier ehemaligen Raja-Residenzen ist allerdings nur der Puri Agung Kanginan nördlich des Marktgeländes für Besucher geöffnet. Er hat einmal bessere Zeiten gesehen, galt er doch zur Zeit seines Baus (Anfang des 20. Jhs.) als einer der prächtigsten Puris Balis. Der Palast besteht aus mehreren Höfen, die verschiedenen *bales* gruppieren sich um einen künstlichen See und zeigen einen balinesischen, europäischen und chinesischen Stilmischmasch. Von Amlapura geht es dann zu den romantischen Königsbädern und zum Wasserpalast von **Tirthagangga 8** › **S. 130**.

Von hier kann man entweder nach Candi Dasa zurückfahren, die Fahrt an die Tauchgründe der Ostküste bei Amed und Tulamben fortsetzen – oder eine Nacht in Tirthagangga bleiben, um die reizvolle Umgebung zu genießen.

Lotosblüten in der Lagune von Candi Dasa

Unterwegs in Ostbali

Candi Dasa [F4]

Der hübsche kleine Ort im Osten der Insel wurde in den 1980er-Jahren für den Tourismus entdeckt und schickte sich an, den bekannten Strandorten des Südens Konkurrenz zu machen. Einfache Losmen entstanden an den schönsten Plätzen am Strand, denen nach und nach die besseren Hotels folgten.

Doch dann rächten sich die Umweltsünden der Vergangenheit: Die Dynamitfischerei zerstörte das schützende Korallenriff und die Flut raubte von Jahr zu Jahr ein Stück mehr vom Strand, bis kaum noch etwas übrig war. Ankersteine und Schutzmauern sollten retten, was nicht mehr zu retten war. Manche Hotels versuchten neue Strände aufzuschütten, doch der einstige Zauber war verflogen. So ist die touristische Entwicklung an Candi Dasa ziemlich vorbeigegangen.

Als Ausgangspunkt für die Erkundung des östlichen Teils von Bali ist Candi Dasa vor der grandiosen Bergkulisse des Gunung Agung und mit seinen guten Hotels immer noch ideal.

Hotels

Alila €€€
Resort in Alleinlage mit großem Pool im minimalistischen Stil.
- 4 km nordwestlich von Candi Dasa
  Buitan | Manggis
  Tel. 03 63/4 10 11
  www.alilahotels.com

Amankila €€€
Eine Stilikone mit eleganten Villen und grandiosen Ausblicken.
- 5 km nordwestich von Candi Dasa
  Manggis
  Tel. 03 63/4 13 33
  www.amanresorts.com

Candi Beach Cottage €€–€€€
Sympathisches Resort in bester Strandlage – mit Meerzugang und Pools.
Die Anlage wurde im Jahr 2013 schön renoviert.
- Sengkidu | Candi Dasa
  Tel. 03 63/4 12 34
  www.candibeachbali.com

The Watergarden €€–€€€
Klein und sehr fein, liegt allerdings nicht am Strand.
- Jalan Raya | Candi Dasa
  Tel. 03 63/4 15 40
  www.watergardenhotel.com

Alam Asmara €€
Kleine Bungalowanlage von schlichter Eleganz. Tauchschule unter deutscher Leitung.
- Jl. Raya Candidasa | Candi Dasa
  Tel. 03 63/4 19 29
  www.alamasmara.com

Anom Beach Cottages €–€€
Familienbungalows an schönem Strandabschnitt, Pool und schattiger Garten sowie deutschsprachige Betreuung.
- Sengkidu | Candi Dasa
  Tel. 03 63/4 19 02
  www.anom-beach.de

Lontarbücher-Herstellung

Restaurants

Seasalt im Hotel Alila €€–€€€
Schönes Ambiente am Meer, feinste internationale und balinesische Küche und empfehlenswerte Kochkurse. Shuttle nach Candi Dasa.
• 4 km nordwestich von Candi Dasa
  Buitan | Manggis

Bali Asli €€
⚠ Authentisch balinesische Küche mit grandiosem Reisfeldblick.
• Jl. Gelumpang | Banjar Gelumpang Amlapura
  Tel. 82 89/7 03 00 98
  www.baliasli.com.au

Warung Astawa €
Kleiner freundlicher Warung, auch bei Einheimischen beliebt.
• Jl. Raya | Candi Dasa
  Tel. 03 63/4 13 63

Ausflug nach Tenganan ② [F4]

Tenganan, nur 3 km nördlich von Candi Dasa, ist eines der wenigen Dörfer Balis, in dem sich die Kultur der Bali Aga, der Altbalinesen, erhalten hat. Auf dem Gebiet von Tenganan, das 850 ha umfasst und sich in fünf Bezirke gliedert, leben 3500 Menschen. Die eigentlichen Bali Aga wohnen allerdings in dem Dorf Tenganan Pegeringsingan, dessen Einwohnerzahl seit vielen Jahren konstant bei etwa 300 Menschen liegt. Bis in die 1970er-Jahre war Tenganan eine »geschlossene Gesellschaft«, zu der sich nur ab und zu ein Ethnologe verirrte.

Schon auf den ersten Blick unterscheidet sich das Dorf von anderen balinesischen Dörfern: es ist komplett von einer Mauer umgeben, in die nur vier Tore Eintritt gewähren. Die Gehöfte reihen sich entlang der nach oben ansteigenden Dorfstraße, in deren Mitte sich die Gemeinschafträume, die Versammlungsbales, befinden.

Die Menschen von Tenganan sind stolz auf ihre Herkunft, die sie auf Gott Indra persönlich zurückführen. Sie haben nie das Kastensystem der übrigen Balinesen übernommen und leben nach den alten Traditionen der Bali Aga. Ihre Felder lassen sie bearbeiten und kassieren dafür die Hälfte des Gewinns. Privateigentum war in der Vergangenheit unbekannt, der Erlös der Reisfelder wurde unter den Bewohnern verteilt. Man spricht jedoch nicht darüber, was heute mit dem Gewinn aus den Souvenirgeschäften passiert. Offensichtlich ist jedoch: Was weder Hindus noch Kolonialherren schafften, ist dem schnöden Mammon gelungen – das Geld der Touristen hat Tenganan verändert.

Wer entlang der Dorfstraße mit ihren zahlreichen Souvenirgeschäften bummelt, muss sich fragen, wie lange die Elitegesellschaft von Tenganan noch Bestand haben kann, zumal der Preis, den die »Auserwählten« für ihren Reichtum zahlen, hoch ist. Jedes Mitglied der Dorfgemeinschaft hat sich den überlieferten Regeln zu unterwerfen. Strengstes Gebot aber ist die Endogamie, die Heirat ausschließlich innerhalb der Dorfgemeinschaft. Wer sich seinen Ehepartner außerhalb der Dorfgrenzen sucht, muss die Straße der Verbannten am

andern Ende des Dorfes beziehen. Auf diese Art wurde natürliche Geburtenkontrolle betrieben, um den Reichtum konstant zu halten; andererseits förderte diese Methode natürlich auch die Degeneration. Tenganan hat heute Nachwuchsprobleme.

Padang Bai 3 [F4]

Der kleine Fischerort an einer muschelförmigen Bucht war früher in erster Linie Fährhafen nach Lombok, aber auch Anlegestelle der großen Kreuzfahrtschiffe.

Dann entdeckten Traveller den Strand mit den günstigen Unterkünften, ein paar Restaurants und kleinen Imbisslokalen, wo man sich an Banana Pancakes und gegrilltem Fisch laben und sich ein bisschen wie in Kuta vor 30 Jahren fühlen kann.

SEITENBLICK

Webkunst der Bali Aga

Berühmt in aller Welt ist die **Doppel-Ikat-Webtechnik** aus Tenganan. Bei diesem hochkomplizierten Verfahren werden bereits vor dem Weben Kett- und Schussfäden nach rituellen Mustern eingefärbt, die mit viel Geduld und Geschick von Frauen am Webstuhl zusammengefügt werden müssen. Manche der Tücher, die rituellen Zwecken vorbehalten sind, erfordern jahrelange Arbeit, kein Wunder, dass Nachwuchs rar ist. Die ihrer magischen Wirkung wegen »Geringsing« (Krankheit abwehrend) genannten Tücher sind in Bali heiß begehrt; die kostbaren Stoffe erzielen bei Sammlern hohe Erlöse. In den Souvenirshops werden u.a. auch Stoffe minderer Qualität zu erschwinglichen Preisen angeboten.

Neben der Doppel-Ikat-Webtechnik hat eine weitere balinesische Tradition in Tenganan überlebt: die Gestaltung von **Lontarbüchern**. Das Bemalen der Blätter der Lontarpalme mit altbalinesischen Texten und Illustrationen aus den großen Hindu-Epen ist Männersache. Geschickt ritzen die Männer Buchstaben und Bilder in die durch Pflanzensud vorbereiteten Blätter und machen die Darstellungen mittels einer Öl-Ruß-Mixtur sichtbar.

! Attraktion Nr. 1 sind die schönen einsamen Badebuchten White Sand Beach und Blue Lagoon beiderseits der Bucht von Padang Bai – nur einen Spaziergang entfernt. Herrliche Plätze zum Schwimmen, Schnorcheln und Faulenzen. Auch Gäste von Candi Dasa kommen wegen der Strände hierher zum Schwimmen. Doch das Potenzial der prächtigen Beaches haben auch schon die Spekulanten entdeckt und erste Hotels stehen bereits.

Hotel
Bloo Lagoon Village €€
Familienfreundliche Bungalows mit Meerblick und Poolanlage.
• Jalan Silayukti | Padang Bai
  Tel. 03 63/4 12 11
  www.bloolagoon.com

Restaurant
Puri Rai Restaurant €–€€
Hervorragende Fischgerichte.
• Im Hotel Puri Rai | Jl. Silayukti 7
  Padang Bai

Tel. 03 61/8 52 85 21
www.puriraihotel.com

Goa Lawah 4 [E4]

Der Tempel unweit Padang Bai gehört zu den Reichstempeln und gilt als Gegenpol zum Oberwelttempel Besakih. Niemand soll die Höhle je betreten haben, deren Eingang hier gleichzeitig der innere Tempelhof ist, doch die Legende berichtet, dass die Höhle bis nach Besakih führt. Die Attraktion für Touristen sind Tausende von Fledermäusen, die dicht gedrängt an den Höhlenwänden hängen, süßlichen Gestank verströmen und mit ihrem Kot die Tempelschreine überziehen.

Klungkung 5 [E4]

Die geschäftige Bezirkshauptstadt Klungkung (Semarapura) spielte eine wichtige Rolle in der balinesischen Geschichte. Als im 15. Jh. die Flüchtlinge des javanischen Majapahit-Reiches nach Bali kamen, fanden sie in **Gelgel**, 3 km südlich des heutigen Klungkung, eine neue Heimat. Der Sohn des Majapahit-Herrschers erklärte sich selbst zum König von Bali und begründete die Gelgel-Dynastie. Auch als der Regierungssitz zu Beginn des 18. Jhs. nach Klungkung verlegt wurde, blieb der Raja von Gelgel der Ranghöchste unter den balinesischen Fürsten. Sein Palast war kulturelles Zentrum für ganz Bali. Der Fürst verfügte über eine persönliche Tanz- und Musikgruppe. Gold-, Silber- und Krisschmiede standen ihm

Die Gerichtshalle in Klungkung

Deckenmalereien in der Kerta Gosa (Gerichtshalle) in Klungkung

zu Diensten und seine Maler begründeten den Wayang-Stil (Kamasen-Stil) in der Malerei. Die Macht des Raja von Klungkung fand ein Ende, als die Holländer zu einer Strafexpedition ansetzten. Der Raja, seine Familie und viele Getreue verübten den *puputan*, die ehrenhafte rituelle Selbstvernichtung. Ein widerspenstiger Herrscher war aus dem Weg geräumt, der Palast wurde fast gänzlich zerstört, aber noch unter den Holländern wurden zwei der *bales* vollständig restauriert. Sie vermitteln einen Eindruck von der einstigen Pracht und dem traditionellen Malstil Balis.

Kerta Gosa und Bale Kembang

In der Ostecke der Anlage, dem Götterberg Agung und heutzutage auch dem Verkehrslärm am nächs-

ten, liegt die Kerta Gosa, die Gerichtshalle, die einst das oberste Gericht der Insel beherbergte. Streng waren die Strafen im Falle einer Verurteilung. Und Furcht und Schrecken flößen schon die Deckenmalereien ein, die an apokalyptische Darstellungen in der christlichen Kunst erinnern: Frau-

SEITENBLICK

Wenn zwei sich streiten

Das mündlich übermittelte Adat-Recht, das von Insel zu Insel, manchmal sogar von Dorf zu Dorf abweicht, hat Indonesien zu einem Land mit einem Minimum an geschriebenen Gesetzen gemacht. Streitfälle werden zunächst einmal innerhalb der Dorfgemeinschaft verhandelt, erst wenn eine Einigung nicht möglich ist, geht man vor Gericht.

en, die beim Gang durch das Feuer in die Gesichter ihrer abgetriebenen Säuglinge schauen, Ehebrecher, denen die Genitalien abgebrannt werden, oder Diebe, die in Kesseln mit siedendem Öl einen qualvollen Tod erleiden. Die oberen Reihen dagegen zeigen die Freuden des Himmels, die denjenigen erwarten, der ein gutes Leben führt.

Himmel und Hölle sind zwei unabdingbare Bestandteile des Kosmos, von denen der eine ohne den anderen nicht existieren kann – die Malereien in der Kerta Gosa sind ein vortreffliches Beispiel für balinesische Weltanschauung.

Der Bale Kembang, ebenfalls mit Malereien ausgeschmückt, diente wahrscheinlich als Empfangs- oder Versammlungshalle. **50 Dinge** ㉗ › S. 15.

Pura Besakih

6 ⭐ [E3]

Der sogenannte Muttertempel Pura Besakih ist für den balinesischen Hindu das, was der Petersdom für den gläubigen Katholiken ist. Trotz vieler Parkplätze unterhalb der riesigen Tempelanlage – den letzten Kilometer müssen Pilger wie Tou-

SEITENBLICK

Das Fest der Feste – Eka Dasa Rudra

Hunderte von Menschen ziehen in Festkleidung mit Opfergaben auf der Prozessionsstraße zum Tempel, um den Göttern ihre Verehrung darbringen. Der Tempel ist bunt geschmückt, Gamelanmusik erklingt und der süßliche Duft von Räucherstäbchen hängt in der Luft … Ein Tempelfest in Besakih gehört zu den beeindruckendsten Erlebnissen eines Bali-Besuchs.

Auch das größte aller balinesischen Feste wird hier begangen – aber nur einmal alle 100 Jahre: Eka Dasa Rudra, ein Opferritual zur Reinigung des gesamten Universums. Seit dem 16. Jh., also während der gesamten Kolonialzeit, hatte man das Fest der Feste nicht mehr begangen. Zu Beginn der 1960er-Jahre schienen die Götter plötzlich zu grollen und schickten Missernten und politische Unruhen. Was außer einem Opferritual konnte sie versöhnen? So entschloss man sich, im März 1963 den Göttern Abbitte zu leisten. Doch während der Vorbereitungsarbeiten begann der heiligste der Vulkane, der seit mehr als 100 Jahren geschwiegen hatte und längst als erloschen galt, zu grummeln und entlud sich mit ungeheurer Kraft. Große Teile Ostbalis wurden von Lavaströmen verwüstet, mehr als 2000 Menschen fanden den Tod. Wie durch ein Wunder teilte sich der Lavastrom jedoch, bevor er den Pura Besakih erreichte, und umfloss das Heiligtum. Hatten die Götter das Fest verschmäht, weil es zum falschen Zeitpunkt abgehalten wurde? Schließlich gingen die Balinesen nach dem *saka*-Kalender › S. 55 erst im März 1979 ins 20. Jh. 1979 wurde das Fest dann auch ohne Zwischenfälle nachgeholt. Mehr als eine Million Balinesen zogen zum Gunung Agung. Fast zwei Monate währte das Fest, und nie zuvor weilten die Götter so lange an einem Stück auf Bali.

Pura Besakih – wichtigstes Heiligtum und Muttertempel der Balinesen

risten zu Fuß zurücklegen. Meditative Stimmung will angesichts der Souvenirbuden, die den Zugangsweg säumen, allerdings nicht so recht aufkommen. Schnaufend und schwitzend erreicht man schließlich den Hauptttempelkomplex. Denn Pura Besakih ist kein einzelner Tempel, sondern vielmehr ein Sammelbegriff für eine riesige Anlage von mehr als 30 Einzelkomplexen mit über 200 verschiedenen Bauwerken und über 50 mehrdachige Pagodentürme *(merus)*. Die Schreine tragen zum Teil altbalinesische Namen. Über ihre Bedeutung sind sich selbst die Hindupriester nicht einig.

Die Lage ist einzigartig: Auf gut 900 m Höhe schmiegen sich die Schreine an die Hänge des Göttervulkans **Gunung Agung**. Die Berge waren den Balinesen schon immer heilig, und niemand vermag heute zu sagen, wann auf dem Göttersitz das erste Heiligtum errichtet wurde. Nachweislich stand hier schon im 11. Jh. ein Tempel, in dem hinduistische Rituale abgehalten wurden. Seit Ende des 15. Jhs. diente das Heiligtum als Ahnentempel der ehedem führenden Dynastie des Königshauses von Gelgel-Klungkung, das nach wie vor für den Unterhalt des Shiva-Komplexes zuständig ist. Die Familien der oberen Kasten besitzen in Besakih besondere Heiligtümer, genau wie Dorfgemeinschaften und einzelne Berufsgruppen. Für die Besichtigung ist das Anlegen eines Tempelschals und Sarongs strenges Gebot › **S. 46**.

Eine Treppe, flankiert von Figuren aus dem Mahabharata › **S. 45**, führt zum gespaltenen Tor, das den Weg zum ersten Tempelhof des **Pura**

Penataran Agung freigibt. Hier haben allerdings nur Hindus Zutritt. Doch es führt eine Treppe um den Tempel herum, von dort hat man vor allem gute Einblicke in den Haupthof, wo die häufig mit bunten Tüchern geschmückten Schreine der Trinität liegen. Der Penataran Agung ist der bedeutendste Tempelkomplex in Besakih. Er ist dem »Sang Hyang Widi Wasa« (Die vielen Götter im Hinduismus sind lediglich Manifestationen des einen höchsten Gottes › **S. 45**) bzw. seiner Manifestation Gott Shiva geweiht und das symbolische Zentrum der gesamten Anlage. Allein dieser Tempel besteht aus rund 60 Einzelbauwerken, die sich auf sieben übereinander liegenden Terrassen verteilen.

Etwa 20 m östlich davon liegt **Pura Kiduling Kreteng,** der Tempel

Der Wasserpalast in Ujung

des Brahma. Er wird von der Fürstenfamilie aus Bangli betreut. Der kleinere **Pura Batu Madeg** nordwestlich vom Penataran Agung ist dem Gott Vishnu geweiht, er wird von der Karangasem-Dynastie unterhalten.

In der Nordostecke der Tempelanlage bietet ein kleiner Warung Erfrischungen – der schönste Platz, um die Erhabenheit der Landschaft und die Schönheit des heiligen Ortes auf sich wirken zu lassen.

Ujung **7** [F4] und Tirthagangga **8** [F4]

Die Ruinen des Wasserpalastes aus den 1920er-Jahren in **Ujung** drohten von der Vegetation überwuchert zu werden, als man sich vor einigen Jahren zur (wenig gelungenen) Restaurierung entschloss. Viel vom Zauber des Ortes ging verloren. Aber mit ein bisschen Fantasie kann man sich auch heute noch den badefreudigen Raja inmitten seiner Gespielinnen in diesem Lustschloss vorstellen.

Als Gegenstück zum Palast am Meer errichtete der letzte Raja in den 1940er-Jahren einen weiteren Wasserpalast an den Hängen des Agung in **Tirthagangga** (»Wasser des Ganges«). Auch dieser Palast wurde beim Ausbruch des Gunung Agung in Mitleidenschaft gezogen, erhalten blieben jedoch Teiche und Brunnen, die man zu einer hübschen Gartenlandschaft ausbaute. Eines der Becken ist heute eine öffentliche Badeanstalt, und in dem

Der Wasserpalast in Tirthagangga

vom kühlen Quellwasser gespeisten Schwimmbecken findet man vor dem Mittagessen im Restaurant die verdiente Erfrischung.

Wer über Nacht bleibt, hat morgens und abends die Königsbäder und den wunderschönen Garten auf dem Gelände des Wasserpalastes für sich allein und genießt den Frieden dieses zauberhaften Ortes und der nicht minder reizvollen Umgebung.

Hotels

Tirta Ayu Hotel €€€
Romantiker schwelgen im königlichen Ambiente des Wasserpalastes. Gutes balinesisches Restaurant.
• Tirthagangga | Tel. 03 63/2 25 03
  www.hoteltirtagangga.com

Cabé Bali €€
Nahe Tirthagangga laden die bildschönen Bungalows in den Reisfeldern mit Blick auf den Gunung Agung zum Entspannen ein.
• Temega | Tirthagangga
  Tel. 03 63/2 20 45
  www.cabebali.com

Die Badeorte an der Ostküste

Mehrere Fischerdörfer und etliche Badebuchten säumen die Seraya-Halbinsel im äußersten Osten Balis. Die karge Hügellandschaft setzt einen Kontrapunkt zum üppigen Grün Zentralbalis und ist doch nicht minder faszinierend.

Bei **Amed** `9` [F3] und **Lipah** `10` [F3] entstanden ab Mitte der 1990er-Jahre die ersten Hotels und bald eroberte der Tourismus auf leisen Sohlen auch die Buchten rundherum. Heute gibt es eine gute Auswahl an Unterkünften in fast allen Kategorien – direkt am Strand oder am Hang mit Logenblick auf die Küste und `!` die bunten Auslegerboote der Fischer am dunklen Strand. Taucher und Schnorchler finden eine `!` spannende Unterwasserwelt und inzwischen auch eine beachtliche Infrastruktur vor. Als Ausgangspunkt für die Inselerkundung ist die Region aber wenig geeignet – die Straßen sind schlecht und die Entfernungen groß.

Mit seinem Strand zieht **Tulamben** `11` [F4] vor allem Wassersportler an. Hier gibt es zahlreiche und gute Möglichkeiten zum Tauchen und Schnorcheln. Hauptattraktion unter Wasser ist das Wrack eines im Zweiten Weltkrieg versenkten amerikanischen Schiffes. Weitere Tauchgründe liegen auf dem Weg an die Nordküste.

Hotels

Apa Kabar Villa €€–€€€
Eine zum Schwelgen schöne Unterkunft! Ein Blumengarten am schwarzen Lavastrand. Elegante, geräumige Zimmer.
• Bunutan | Amed
  Tel. 03 63/2 34 92
  www.apakabarvillas.com

Alam Anda Bungalows €€–€€€
Die liebevoll gestaltete Bungalowanlage ist ein herrlicher Platz zum Erkunden der Tauchgründe (eigene Tauchschule), aber auch zum Entspannen (mit Spa).
• Sambirenteng
  ca. 30 km nördlich von Tulamben
  Tel. 0 81 24/65 64 85,
  in Deutschland 0 40/69 21 05 38
  www.alam-anda.com

Tauch Terminal Tulamben €€
In der eleganten Bungalowanlage mit stilvoll eingerichteten Zimmern und 2 Pools dreht sich alles ums Tauchen.
• Tulamben
  Tel. 03 61/77 45 04
  www.tauch-terminal.com

Gaia Oasis €–€€
Ein Rückzugsort, wahlweise in der Dependance am Strand oder romantisch in den Bergen: vegetarische Biokost, Yoga, Meditation und Wellness.
• Dusun Tegal Sumaga | Tejakula
  ca. 40 km nördlich von Tulamben
  Tel. 03 62/3 43 63 05
  www.gaia-oasis.com

Santai €–€€
Hübsche Cottages am Strand mit kleinem Pool.
• Bunutan | Amed
  Tel. 03 63/2 34 87
  www.santaibali.com

Bayu Cottages €
`!` Schöne Lage oberhalb eines hellen Sandstrandes, ausgezeichnetes Preis-Leistungs-Verhältnis.
• Lipah Beach | Amed
  Tel. 03 63/2 34 95
  www.bayucottages.com

Bilderbuchvulkan:
Der Gunung Rinjani auf Lombok

LOMBOK

Kleine Inspiration

- **Das balinesische Nationalgericht** im Lesehan Taliwang Irama probieren – gut scharf! › S. 137
- **In Senggigi** einen Einkaufsbummel unternehmen › S. 140
- **Vor einer der Gilis** »spazieren schnorcheln« › S. 141
- **Beim Sundowner** von der Terrasse des Ashtari Cafés über die Traumstrände des Südens blicken › S. 143
- **Den Rinjani-Nationalpark** mit Wanderstiefeln erkunden › S. 144

Seit der langersehnte internationale Flughafen 2011 auf Lombok eröffnete, nehmen die Touristenzahlen stetig zu. Der Alltagsrhythmus ist auf Balis östlicher Nachbarinsel aber nach wie vor wunderbar entspannt.

Die 35 km breite Straße von Lombok trennt Bali von seiner Nachbarinsel im Osten. Auch auf dem nur knapp 4600 km² kleinen Lombok sind die geografischen Unterschiede beachtlich: Der grüne Nordwesten der Insel mit dem 3726 m hohen Rinjani-Vulkan-Massiv steht im Kontrast zum trockenen Inselsüden mit seinem savannenähnlichen Erscheinungsbild. Reisanbau prägt das Hochland und die südlich angrenzenden fruchtbaren Anbaugebiete. Weiter südlich reifen Tabak, Erdnüsse und die Frucht, der die Insel ihren Namen verdankt: Lombok heißt »Chili«. Die in der Mehrzahl auf der Insel lebenden Sasak sind mit den Balinesen in ethnischer Herkunft und Sprache zwar verwandt, aber im Gegensatz zu ihnen sind sie – mit Ausnahme von Westlombok – wie im übrigen Indonesien Muslime.

Besonders wegen der Strände ist Lombok bekannt, so reiht sich ein Prachtstrand an den anderen. An vielen liegen (noch!) bunte Fischerboote statt Touristen, und in den Kokoshainen hinter dem Strand grasen Kühe und Ziegen. In Senggigi, an der Westküste Lomboks, begann in den 1980er-Jahren die Tourismuskarriere der Insel. Ein schöner Strand und eine überschaubare Zahl von Hotels in allen Kategorien, Restaurants und Reisebüros bieten heute gute Voraussetzungen für einen gelungenen Badeurlaub. Wem es hier bereits zu lebhaft ist, wohnt in Mangsit, 5 km weiter nördlich.

Die drei Inselchen Gili Air, Meno und Trawangan vor Lomboks Nordwestküste kann man zu Fuß in ein bis drei Stunden umrunden. Sie galten in den 1990er-Jahren als Geheimtipp für Traveller. An weißen Stränden Sonne tanken, mit Maske und Schnorchel am Riff entlang »spazieren schwimmen« und den Rest des Tages vor dem Strandbungalow verdösen – so sieht auch heute noch das Tagesprogramm für viele Gili-Urlauber aus. Schicke Boutiquehotels, die man bei Veranstaltern buchen kann, und Tauchzentren ziehen mittlerweile aber auch eine gutbetuchte Klientel mit höheren Ansprüchen an.

Am Kuta Beach

Wer einmal im Leben Robinson spielen möchte, findet unter den 40 bis 50 weiteren kleinen Gilis rund um Lombok ziemlich sicher seine persönliche Lieblingsinsel.

Der alles überragende Gunung Rinjani ist ein Highlight für Wanderer und Naturliebhaber. Der Aufstieg zum zweithöchsten Vulkan Indonesiens ist ein einzigartiges Erlebnis. Wer nicht so viel Kondition mitbringt, findet an den Hängen des Feuerbergs – in Tetebatu und anderswo – reichlich Gelegenheit für weniger anstrengende Touren.

Kuta, das Fischerdorf an der Südküste Lomboks, hat mit der umtriebigen Namensvetterin auf Bali nur den Namen gemeinsam: An den weißen Sandstränden des Ortes und in den Nachbarbuchten stehen noch immer vor allem einfache Bungalowanlagen sowie eine Handvoll Mittelklassehotels – und das, obwohl die Infrastruktur seit der Eröffnung des internationalen Flughafens und dem Bau einer Schnellstraße kaum zu wünschen übrig lässt. Der große Besucheransturm kann also kommen.

Touren in der Region

 ## Sasak-Tour

Route: Senggigi › Sukarara › Penujak › Sade/Rambitan › Kuta/Tanjung Aan

Karte: Seite 136
Länge: ca. 75 km
Dauer: 1 Tag, Fahrzeit ca. 3–4 Std. (ein Weg)
Praktische Hinweise:
• Sie brauchen einen Mietwagen mit oder ohne Fahrer.

Tour-Start:

Für die Tagestour in den Süden der Insel sollte man am frühen Morgen aufbrechen. Die Fahrtstrecke ist nicht sehr weit, aber die Straßen im Süden der Insel schmal und zum Teil nicht in bestem Zustand. Auf der Küstenstraße geht es zunächst über **Mataram** **1** › S. 137 und Sweta weiter in Richtung Praya (Beschilderung Flughafen).

Unterwegs kann man sich im Weberdorf **Sukarara** **5** › S. 142 vom Geschick und der hohen Kunst der Ikat-Weberei und im Töpferdorf **Penujak** **6** › S. 142 von der Kreativität der Sasak überzeugen – und natürlich auch formschöne Schalen und Töpfe aus Ton erstehen.

In den Sasak-Dörfern **Sade** und **Rambitan** **7** › S. 142 bekommt man einen Eindruck von der traditionellen Dorfstruktur und Architektur.

In **Kuta** **8** › S. 144 schließlich oder eine Bucht weiter östlich bzw. westlich in **Tanjung Aan** **9** › S. 142 oder **Mawun,** locken Badefreuden an wunderbaren, aber schattenarmen Sandstränden. Wer nicht im Süden bleiben möchte, kehrt auf dem gleichen Weg zurück.

Im kühlen Bergland

Tour 11

Route: Mataram/Ampenan/ Cakranega › Narmada › Tetebatu › Senggigi

Karte: Seite 136
Länge: 65 km
Dauer: 1 Tag, Fahrzeit ca. 4 Std.
Praktische Hinweise:
• Für die Tour brauchen Sie einen Mietwagen mit oder ohne Fahrer.

Tour-Start:

Auf dem Weg ins Bergland bietet es sich an, auch das Städtekonglomerat **Mataram** **1** › S. 137 **Ampenan** **2** / **Cakranegara** zu erkunden. Ein kleiner Abstecher nördlich von Cakranegara führt zum ältesten Tempel von Lombok, **Pura Lingsar** **10** › **S. 142,** und 12 km östlich von Mataram zum Wasserpalast und Tempel von **Narmada** **11** › **S. 144.**

Schon bald werden die Straßen schmaler, und über kleine Dörfer geht es weiter nach **Tetebatu** **12** › **S. 144** am Südhang des Rinjani.

Touren auf Lombok

Tour 10

Sasak-Tour

Senggigi › Sukarara › Penujak › Sade/Rambi- tan › Kuta/Tanjung Aan

Tour 11

Im kühlen Bergland

Senggigi › Ampenan, Mataram, Cakranegara › Narmada › Tetebatu (Wanderungen am Fuß des Rinjani)

Von hier aus kann man kleine Wanderungen im grünen Hochland des Nationalparks durch Reisfelder und tropischen Wald zu ursprünglichen Wasserfällen unternehmen, bevor es wieder nach Senggigi zurückgeht.

Unterwegs auf Lombok

Mataram **1** und Ampenan **2** [a2]

Die Inselhauptstadt Mataram ist mit ihren Nachbarorten Ampenan und Cakranegara zu einem geschäftigen städtischen Konglomerat mit rund 250 000 Einwohnern zusammengewachsen. Während das beschaulich wirkende Ampenan von arabischen Händlern geprägt ist, ist Mataram Sitz der Verwaltung und Cakranegara Mittelpunkt des Geschäftslebens.

An einer der zentralen Verkehrsachsen Cakranegaras, der Jalan Selaparang, liegt der **Pura Meru** aus dem frühen 18. Jh., ein wichtiger Platz für die Hindugläubigen Lomboks. Im Vergleich zu den balinesischen Tempeln wirkt das Pendant auf Lombok aber etwas vernachlässigt. Der innere Bezirk des in drei Höfe gegliederten Heiligtums wird beherrscht von drei mächtigen *merus* (mehrdachige Pagodentürme). Gegenüber liegen die Lustgärten **Taman Mayura**.

Infos

Provincial Tourist Service
• Jl. Langko 70
  Ampenan
  Tel. 03 64/2 17 30

Department of Tourism
• Jl. Indrakila 2 A | Mataram
  Tel. 03 64/2 23 27

Restaurants

Lesehan Taliwang Irama €
Hier genießt man das Lieblingsgericht der Insulaner auf dem Boden hockend unter Einheimischen. Kulinarischer Genuss und interkulturelles Erlebnis.
• Jl. Ade Irma Suryani | Cakranegara
  Tel. 03 70/62 31 63
  www.taliwangirama.com

Rumah Makan Taliwang €
Seit 1968 wird hier das würzige Nationalgericht Ayam Taliwang – chilischarfes Backhähnchen im Sasak-Stil – serviert. Wer zu spät kommt, geht leer aus.
• Jl.A.A. Gede Ngurah | Cakranegara

Shopping

In Sweta, am östlichen Stadtrand von Cakranegara, wird auf dem **größten Markt Lomboks** neben Gemüse, Obst, Gewürzen, Haushaltsartikeln und Flechtwaren auch Kunsthandwerk verkauft. Wer geschickt verhandelt, kann hier kunsthandwerkliche Souvenirs preiswerter erstehen als in den Geschäften.

Rinjani Handwoven
Feine Ikat-Gewebe aus Baumwolle und Seide, aus denen sich bildschöne Vor-

Küste bei Mangsit

hänge oder Tischwäsche schneidern lassen.
- Jl Pejanggik 44 | Cakranegara
  Tel. 03 70/63 31 69

Lombok Pottery Centre
Wer den Weg in die Töpferdörfer scheut – auch hier warten hervorragende Töpferwaren der Sasak auf Käufer.
- Jl. Sriwijaya 111A | Mataram
  www.lombokpotterycentre.com

Senggigi 3 [a2] und Mangsit [a1/2]

An der Westküste der Insel, etwa eine Fahrtstunde von Lembar bzw. vom neuen Bandara-Flughafen liegt der touristische Hauptanziehungspunkt Lomboks: Senggigi Beach. Der Badeort, der keinen historischen Ortskern hat, zieht sich mehrere Kilometer an der Küste entlang. Die touristische Infrastruktur ist übersichtlich und lässt doch keine Wünsche offen. **50 Dinge** ㊲ › S. 16.

Das macht Senggigi zum idealen Ausgangspunkt für die Inselerkundung. Wenige Kilometer nördlich von Senggigi ist in **Mangsit** ein neues Ferienzentrum mit ansprechenden Hotels in allen Kategorien entstanden. Versäumen Sie es nicht, am frühen Abend zwischen Senggigi und Malimbu Beach spazieren zu fahren, sich an einem der Warungs mit den Einheimischen Maiskolben schmecken zu lassen und an einem der Aussichtspunkte den Sonnenuntergang hinter dem balinesischen Gunung Agung zu genießen.

Hotels

Sheraton Senggigi Beach €€€
Das erste Fünf-Sterne-Haus Lomboks liegt in einem tropischen Garten direkt am Senggigi Beach. Schöne Pools, mehrere Restaurants, Shopping-Arkade. Das Management versteht es gut, besondere Momente zu inszenieren.
- Jl. Raya Senggigi 8 | Senggigi
  Tel. 03 70/69 33 33
  www.sheraton.com/senggigi

Tugu Lombok €€€
Kleines feines Schwesterhotel des Tugu Bali. Jedes Zimmer ist individuell mit Antiquitäten eingerichtet, Alleinlage am herrlichen Sire Beach bei Tanjung in direkter Nachbarschaft zum Golfplatz, ca. 20 km nördlich von Senggigi Beach. Beliebt bei Honeymoonern – die Pracht hat allerdings ihren Preis.
• Sire Beach | Sigar Penjalin Tanjung | Tel. 03 70/6 12 01 11 www.tuguhotels.com

Holiday Resort €€–€€€
Beachresort, in dem man sich einfach wohlfühlen muss: geräumige Zimmer, idyllische Pool-Landschaft, gutes Restaurant und Spa, als Plus für Familien die liebevolle Kinderbetreuung. Sehr gutes Preis-Leistungs-Verhältnis.
• Mangsit | Tel. 03 70/69 34 44 www.holidayresort-lombok.com

Puri Mas €€–€€€
Boutiquehotel der ersten Stunde mit Zimmern in drei Kategorien – vom Budget-Zimmer im Ethno-Stil bis zur Pool-Villa. Ein zweiter Teil der Anlage mit tollem Spa liegt oberhalb der Bucht.
• Mangsit | Tel. 03 70/69 38 31 www.purimas-lombok.com

Raja's Bungalows €
❗ Freundliche und sehr preisgünstige kleine Bungalowanlage mit Garten. Die Zimmer sind mit Ikat-Stoffen und Bambusmöbel eingerichtet. Kleine Bar. Vermieter Adrian spricht auch Deutsch.
• Gang Arjuna 1 | Tel. 08 12/3 77 01 38

Restaurants

Asmara Restaurant €€
Gartenlokal im Zentrum von Senggigi, in der Küche wird indonesisch und europäisch gebrutzelt – immer sehr lecker. Manchmal Livemusik, Gratis-Transport.
• Jl. Raya Senggigi | Senggigi Tel. 03 70/69 36 19 www.asmara-group.com

Warung Menega €€
Das Restaurant am südlichen Ortsrand von Senggigi ähnelt auf den ersten Blick einer Garage. Clou sind die Sitzplätze

SEITENBLICK

Die Wallace-Linie

Der Westen Lomboks unterscheidet sich kaum von der üppigen Tropenlandschaft Balis, im Süden und Osten Lomboks jedoch regnet es deutlich weniger, und von reichen Ernten dreimal im Jahr wie auf Bali können die Bauern hier nur träumen.

Doch nicht nur die Vegetation, auch die Tierwelt auf den östlichen Inseln Indonesiens unterscheidet sich deutlich von der der westlichen Inseln. Jenseits der Lombok-Straße tummeln sich keine Großsäuger, dafür aber Beuteltiere und Vogelarten, die sonst nur auf dem australischen Kontinent leben.

Diese auffälligen Unterschiede veranlassten den Naturforscher Alfred Wallace, einen Zeitgenossen von Charles Darwin, im 19. Jh. zu seiner Annahme, dass die Grenze zwischen dem asiatischem und australischem Kontinent vor mehr als 100 Mio. Jahren zwischen Bali und Lombok und weiter nördlich zwischen Borneo und Sulawesi verlief, die sogenannte Wallace-Linie.

direkt am Strand. Mit den Füßen im Sand und Meeresrauschen in den Ohren schmeckt der Fisch vom Grill doppelt gut.

- Jl. Raya Senggigi No. 6 | Senggigi
  Tel. 03 70/6 63 44 22

Café Alberto €€
Wer zur Abwechslung italienisch schlemmen möchte, ist in dem schicken Lokal am Strand gut aufgehoben, Abholung innerhalb von Senggigi inklusive.

- Senggigi Beach | Senggigi
  Tel. 03 70/69 30 39
  www.cafealberto.com

Square €€
Ambitionierte Küche mit süßen Versuchungen und köstlichen Cocktails.

- Jl. Raya Senggigi | km 8 | Senggigi
  Tel. 03 70/69 36 88
  www.squarelombok.com

Nightlife
Cafe Marina
Hier treffen sich Einheimische und Touristen zu später Stunde (ab 23 Uhr). Indonesische Livebands heizen die Stimmung an, bevor der DJ das Publikum auf die Tanzfläche jagt. Ausgelassene Partystimmung bis zum frühen Morgen.

- Jl. Raya Senggigi | Senggigi
  Tel. 03 70/69 31 36
  www.marinasenggigi.com

Shopping
Pak Sudirman Antiques
Beim alteingesessenen Antiquitätenhändler sind Schnäppchen heute selten. Bei Interesse öffnet der Inhaber gern seine Schatzkammer.

- Jl. Raya Senggigi (schräg gegenüber vom Happy Cafe) | Senggigi
  Tel. 03 70/63 63 15

Asmara Collection
Schönes Kunsthandwerk und eine kleine, feine Auswahl an Schmuckstücken.

- Jl. Raya Senggigi | Senggigi

Ciokolata
Schicke Mode aus Naturfasern und Modeschmuck.

- Jl. Raya Senggigi beim Hotel Senggigi | www.ciokolata.com

SEITENBLICK

Viele, viele bunte Fische … Tauchen auf den Gilis

Dass Indonesien einige der besten Tauchreviere weltweit besitzt, ist kein Geheimnis. Mag es in der Karibik buntere Korallenbänke geben – im größten Archipel der Welt mischen sich Pazifik und Indischer Ozean, und entsprechend begegnet Tauchern hier die bunte Fischwelt beider Weltmeere. Die Tauchgründe vor den Gilis wiederum gehören zu den schönsten Indonesiens. Erfreulich: Die durch Dynamitfischerei in der Vergangenheit geschädigten Riffe werden seit einigen Jahren renaturalisiert. Aus Metall baut man Gerüste, an denen Korallen befestigt werden. Diese setzt man unter Strom, um das Wachstum zu beschleunigen. Die Ergebnisse machen Hoffnung. Sponsoren des Projekts sind Hotels und nicht zuletzt die Taucher selbst, denn von jedem Tauchgang gehen 3 € an das Projekt. Die Preise für Tauchkurse sind auf den Gilis festgelegt, um Preisdumping, das meist auf Kosten der Sicherheit geht, zu verhindern. Tauchveranstalter › **S. 30.**

Längst kein Geheimtipp mehr: Gili Trawangan

Die Gilis 4 [a1]

Gili Air, Gili Meno und **Gili Trawangan,** die drei kleinen Inselperlen vor Lomboks Nordwestküste locken mit weißen Stränden und vorgelagerten Korallenriffen. **50 Dinge** ④ › S. 12. Galten sie in den 1990er-Jahren noch als Geheimtipp und wurden vor allem von Rucksacktouristen angesteuert, so ist die touristische Infrastruktur längst für alle Urlauber perfekt, und die Inselfischer als Kellner, Tauchlehrer oder auch Hotelbesitzer im Einsatz. Dennoch sind zumindest Gili Air und Gili Meno beschaulich geblieben. **50 Dinge** ㉙ › S. 15. **!** Wer die Nächte durchtanzen will, ist auf Gili Trawangan, der größten der Gili-Inseln, richtig. Auf der Partyinsel gibt so mancher bekannte indonesische DJ ein Gastspiel.

Heute werden die drei Inseln von vielen Reisenden als verlängerter Arm eines Bali-Urlaubs angesteuert, denn man kann sie auch direkt von Bali aus per Katamaran errei-chen › S. 15. Hauptsaison sind die Monate Juli, August und September. Dann sind die Inseln überfüllt und die Hotels berechnen oft 100 Prozent Aufschlag. Im Mai, Juni oder Oktober sind ebenfalls beste Bedingungen garantiert, die Preise aber deutlich niedriger.

Hotels
Vila Ombak €€–€€€
Das einzige größere Hotel auf den Gilis in bester Strandlage begeistert Romantiker: einfache Hütten im Reisspeicher-Stil und komfortablere Bungalows. Außerdem: Pool, Spa und ein sehr gutes Restaurant sowie eine Tauchschule unter deutscher Leitung.
• Gili Trawangan
  Tel. 03 70/6 14 23 36
  www.hotelombak.com

The Beach House Resort €–€€
Sympathische Anlage am Strand mit Zimmern in diversen Kategorien, Pool, einige Villen mit privatem Pool.
• Gili Trawangan | Tel. 03 70/6 14 23 52
  www.beachhousegilit.com

Unterwassererkundungen sind auf Lombok ein Muss

Aktivitäten

Bali Diving Academy
• Gili Trawangan
  Tel. 03 61/27 02 52
  www.scubali.com

Dream Divers
• Tel. 03 70/69 20 47
  www.dreamdivers.com
  Filialen: Gili Air, Gili Trawangan,
  Senggigi und Südlombok.

Sukarara 5 [b2] und Penujak 6 [b2]

Die typischen Sasak- und Kunst-
handwerkdörfer gewähren einen
tiefen Einblick in das einfache Dorfleben. Ihre geschickte Töpfer- und
Webkunst liefert den Menschen in
den trockenen Regionen im Süden
einen dringend notwendigen Ne-
benverdienst zur Landwirtschaft.
Sukarara ist Zentrum des Weber-
handwerks der Sasak. In einem der
vielen Familienbetriebe kann man
den Frauen zusehen, wie sie an einfachen Webstühlen Faden für Faden

zu schönen Stoffen verweben. In
Penunjak werden von Hand – ohne
Töpferscheibe – unglasierte Schalen
und Töpfe aus dunklem Ton gefertigt, die so manches Designerhotel
schmücken. Sie werden auch in Galerien auf Bali und sogar in Europa
verkauft.

Rambitan und Sade 7 [b3]

In Rambitan und Sade kann man
zwei typische Sasak-Dörfer mit einfachen Pfahlhäusern aus Lehm mit
ihren charakteristischen Reisspeichern und geschwungenen hufei-
senförmigen Dächern besuchen.
Der Baustil war Vorbild für die Anlage des Novotels in Kuta.

Kuta 8 [b3] und Tanjung Aan 9 [b3]

Mit dem quirligen Kuta auf Bali hat
Kuta auf Lombok ganz und gar keine Ähnlichkeit. Seit fast 20 Jahren

wartet die Region im Süden auf den großen Durchbruch, aber immer noch verteilen sich relativ wenige Unterkünfte am traumhaften weißen Strand und das Novotel am Seger Beach ist nach wie vor das größere Hotel der Region. Sicher nicht mehr lange, denn Lomboks Touristiker schwärmen zu Recht vom touristischen Potenzial der Region, die durch den neuen Flughafen und eine Schnellstraße seit 2011 auch bereits bestens angeschlossen ist.

Tatsächlich ist Kuta nur ein Traumstand unter vielen: Noch feiner und weißer ist der Sand in der Bucht von **Tanjung Aan**, wenige Kilometer weiter westlich. Hier dösen Wasserbüffel unter Kokospalmen, ein kleiner Warung versorgt die wenigen Besucher. Surfer knattern mit ihren Motorrädern vorbei – das Surfboard unterm Arm. Ihre Lieblingsstrände in der Gerupuk- oder Ekas-Bucht liegen noch ein Stück weiter östlich. Rund 10 km westlich tummeln sich die Schwimmer am geschützten Strand von **Mawun**. Einmal im Jahr ist Kuta selbst Pilgerziel für Einheimische, die hier das Nyale-Fest feiern. Ein großes Wurmfangspektakel, bei dem sich die Geschlechter unbeaufsichtigt von den gestrengen Eltern näher kommen.

Hotels
Novotel Lombok €€–€€€
Traumhaft schöne Bungalowanlage mit Spa im Stil eines Sasak-Dorfes in einer hellen Sandbucht. Vom Picknick auf dem Hügel bis zur Romantikbeleuchtung am Abend versteht man es, besondere Mo-

mente zu inszenieren. Im vorzüglichen Restaurant verwöhnt der Sasak-Küchenchef mit internationalen und einheimischen Genüssen.
• Mandalika Resort
  Pantai Putri Nyale
  Tel. 03 70/6 15 33 33
  www.novotellombok.com

Kuta Cove Hotel €–€€
Kleines Hotel mit großem Service. Die Bungalows verteilen sich in einem Tropengarten, 400 m vom Strand entfernt.
• Kuta Beach | Jalan Pantai Kuta
  Tel. 03 70/6 15 80 80
  www.kutacovelombok.com

Yuli's Homestay €
Nette Zimmer im schönen Garten mit kleinem Pool, nicht direkt am Meer.
• Kuta | Main Road
  Tel. 08 19/17 10 09 83
  www.yulishomestay.com

Restaurant
Ashtari
An der Straße nach Mawun liegt das vegetarische Restaurant auf einem Hügel hoch über der Bucht: meditative Musik im Lounge-Ambiente und grandiose Blicke von der Terrasse.
• Prabu, Kuta | Jl. Raya Mawun
  Tel. 08 77/65 49 76 25
  www.ashtarilombok.com

Pura Lingsar 10 [b2]
Etwa 10 km nordöstlich von Cakranegara liegt der älteste Tempel Lomboks: Pura Lingsar. Die ausgedehnte Tempelanlage von 1714 dient Hindus, Muslimen und Anhängern der Mischreligion Wetu Telu, die Elemente des Hinduismus, des Islam

und der Naturreligionen vereint, als gemeinsame Gebetsstätte.

Narmada 11 [b2] und Suranadi [b2]

Den Wasserpalast und Tempel **Narmada,** 12 km östlich von Mataram, ließ ein balinesischer Raja im frühen 19. Jh. erbauen, nachdem er zu alt geworden war, zum Kratersee des Rinjani zu pilgern. Die Badebecken im schönen Garten symbolisieren das Wallfahrtsziel. Heute sind die Pools zur Freude der Kids öffentliches Schwimmbad.

Wenige Kilometer nordöstlich liegt der älteste Tempel Lomboks, **Pura Suranadi,** die Aale im Wasser gelten als heilig. Bei einer Pause im Hotel Suranadi kann man verbliches Kolonialambiente schnuppern und wer möchte, ein paar Runden im Quellwasserbecken schwimmen.

Tetebatu [b2] und der Rinjani-Nationalpark 12 [b1/2]

An den südlichen Abhängen des Rinjani-Vulkans liegt **Tetebatu** in 600 m Höhe. In und um den Ort ist es erfrischend kühler, regenreicher und entsprechend grüner als in anderen Teilen der Insel. Ideal zum Wandern! Durch Reis- und Tabakfelder geht es zu ursprünglichen Wasserfällen mit natürlichen Pools, in denen man baden kann. Schön ist die Wanderung durch den Bergwald zum Wasserfall Air Terjun Manis (3 km) – mit Badepause. Der (bescheidene) Eintrittspreis für den Nationalpark beinhaltet auch die Begleitung durch einen Ranger, was bei längeren Wanderungen umbedingt zu empfehlen ist.

Einst Wasserpalast eines Rajas, heute öffentliches Schwimmbad: Narmada

SPECIAL

Trekking am Gunung Rinjani

Steil fallen die Wände zur Caldera hin ab, die zu weiten Teilen vom tiefblauen Kratersee Segara Anak gefüllt wird. Nebelschwaden wabern durch den Krater, am Ostrand liegt der Puncak, mit 3726 m die höchste Spitze des Rinjani-Massivs. Sie liegt direkt im Einbruchkessel des Gunung Baru, eines Vulkanbabys, das erst beim letzten Ausbruch 1998 »geboren« wurde. Zur anderen Seite überblickt man die halbe Insel, und im Hintergrund schälen sich die drei Gilis sowie die Silhouette des Schwestervulkans ! Agung auf Bali aus dem Dunst. Für die balinesischen Hindus, aber auch für die muslimischen Sasak ist der Kratersee ein Pilgerziel zur rituellen Reinigung – besonders bei Vollmond. Für andersgläubige Besucher ist der Aufstieg in erster Linie eine sportliche Herausforderung.

Je nach Route und Ziel ist er für erfahrene Bergsteiger und für Wanderer mit und ohne alpine Erfahrung machbar, aber nur mit sehr guter Kondition und Trittsicherheit.

Mehrere Wege führen zum Gipfel, aber die Hauptroute führt über **Senaru** im Norden. Das klassische Trekking-Programm dauert drei Tage und zwei Nächte. Im Preis inklusive sind Bergführer, Träger, Vollpension und Ausrüstung (Zelt, Schlafsack etc.). Wanderstiefel und warme Kleidung für die Nacht sollte man selbst mitbringen.

Programmablauf:

- **1. Tag:** Gegen 5 Uhr Abfahrt in Senggigi, Fahrt nach Senaru, etwa 6 Std. Aufstieg. Übernachtung im Zelt.
- **2. Tag:** 2 Std. Aufstieg zum Kraterrand, weitere 2 Std. Abstieg in den 600 m tiefer liegenden Krater. Gelegenheit zum Baden im See und in den heißen Quellen (40–60° C).
- **3.Tag:** Aufstieg zum Kraterrand und hinunter nach Senaru, Rückkehr nach Senggigi.
- Die Programme bucht man am besten in einem der Reisebüros in Senggigi (z. B. Lombok Vacation (www.lombok-vacation.com) oder Perama (www.peramatour.com).

EXTRA-
TOUREN

Die Höhepunkte Balis in einer Woche

Route: Südbali (Badeorte) › Ubud › Mengwi/Pura Taman Ayun › Bedugul/
Bratan-See › Lovina › Kintamani/Gunung Batur › Pura Besakih ›
Südbali (Badeorte)

Karte: Klappe hinten
Distanzen: **Südbali** › **Ubud** 30–50 km/1–1,5 Std. (je nach Ausgangsort); **Ubud** ›
Bedugul › **Lovina** 75 km/2 Std.; **Lovina** › **Kintamani** › **Besakih** via Pene-
lokan 100 km/3,5 Std.; **Besakih** › **Südbali** 85–100 km/2–3 Std. (je nach Badeort
im Süden) – jeweils reine Fahrzeit ohne Stopps.
Verkehrsmittel: Die wichtigsten Orte der Insel verbinden Busse des Veranstalters
Perama. Wer jedoch gern im eigenen Tempo reist und häufiger vom Weg abzwei-
gen möchte, sollte ein Auto – mit oder ohne Fahrer – anmieten. Der Besakih-
Tempel kann mit öffentlichen Verkehrsmitteln nicht erreicht werden.

Von den Badeorten im Süden ist Ubud, das kulturelle Herz Balis, auf gut
ausgebauten, aber verkehrsreichen Straßen erreichbar. Der Weg führt bei
der Anreise aus **Nusa Dua** › S. 76 oder **Jimbaran** › S. 74 über die **Bukit**-**Halbinsel** in Richtung **Sanur**. Wer in **Kuta** › S. 69, **Legian** › S. 69 oder **Seminyak** › S. 71
startet, stößt ebenfalls auf die Haupttangente in Richtung Norden. Von **Sa-
nur** › S. 67 hat man die kürzeste Anfahrt. Weiter geht es zur ersten Station auf
der »Straße der Kunsthandwerker«: **Batubulan** › S. 82, wo man sich von 9.30
bis 10.30 Uhr eine Barong-Aufführung ansehen kann. Zu weiteren Stopps
laden der nahe **Bali Bird Park** › S. 83 in Singapadu und die Werkstätten der
Silberschmiede in **Celuk** › S. 83 sowie der Holzschnitzer in **Mas** › S. 84 ein.

In **Ubud** › S. 89 empfiehlt es sich, drei Tage zu verbringen, um all die Museen, Galerien und Tanzaufführungen zu sehen, seine fantastischen Spas
auszuprobieren und durch idyllische Reisfelder zu wandern. Touren in die
nähere Umgebung Ubuds führen zu historischen Heiligtümern wie **Goa Gajah** › S. 97 und **Gunung Kawi** › S. 101.

Nach Lovina an der Nordküste fährt man von Ubud aus zunächst wieder
Richtung Süden, um bald darauf in Richtung Westen nach Mengwi abzubie-
gen, um Balis zweitgrößten Tempel **Pura Taman Ayun** › S. 79 zu besichtigen.
Von dort geht es nach Norden – eventuell mit einem kleinen Abstecher in
den **Affenwald von Sangeh** › S. 103. Langsam schraubt sich die Straße vorbei
an Obst- und Gewürzplantagen ins balinesische Bergland hinauf nach **Bedugul** › S. 109 am Bratan-See und dem romantischen Seeheiligtum Pura

Tauchboote vor Menjangan Island

Ulun Danu. Danach ist es Zeit, eine Pause einzulegen beispielsweise im Ho-
telresort **Handara Kosaido Country Club** › **S. 109**, bevor es in zahlreichen Kurven hinunter an die Nordküste geht.

Über **Singaraja** › **S. 113** erreicht man den Standort für die nächsten Nächte: **Lovina Beach** › **S. 111** mit seinen dunklen Sandstränden. Von Lovina aus
bieten sich Touren zu den Tempeln **Pura Jagaraga** › **S. 113** östlich von Singaraja und **Pura Meduwe Karang** › **S. 101** an. Am nächsten Tag lockt ein Ausflug
in den Nordwesten zum Barat-Nationalpark oder zum Schnorcheln in die
schillernde Unterwasserwelt der **Insel Menjangan** › **S. 117**.

Auf dem Weg in den Süden kann man mit guter Kondition eine Übernachtung im Bergland einschieben und den **Batur-Vulkan** (1717 m) › **S. 114**
besteigen. In **Kintamani** › **S. 116** kommt die riesige Caldera des Vulkans erstmals ins Blickfeld. Spektakulär ist der Ausblick auf den Vulkangipfel und
den See unten. Auch ohne Aufstieg lohnt die Fahrt hinunter in die riesige
Caldera vorbei an Lavafeldern nach Toya Bunkah, von wo die Gipfeltouren
starten.

Ab **Penelokan** › **S. 114** folgt man einer Nebenstraße durch grünen Berg-
wald zum wichtigsten Tempel Balis, dem **Pura Besakih** › **S. 128**, der sich in
über 900 m Höhe an den Hängen des Agung-Vulkans hinaufzieht. Nach der
Besichtigung der Tempelanlage folgt man der Straße nach **Klungkung**
› **S. 126**, wo die **Kerta Gosa** (Gerichtshalle) des ehemaligen Palastes einen
Besuch lohnt. Von dort kann man nach **Candi Dasa** › **S. 123** an die Ostküste
Balis weiterreisen und dort Station machen oder über eine gut ausgebaute
Straße in den Inselsüden zurückkehren.

Eingang zur Goa Gajah (Elefantenhöhle)

Bali und Lombok in zwei Wochen

Route: **Südbali (Badeorte)** › **Ubud** › **Lovina** › **Gunung Batur** › **Pura Besakih** › **Candi Dasa** › **Sanur** › **Denpasar** › **Senggigi (Lombok)**

Karte: Klappe hinten

Distanzen: **Südbali** › **Ubud** 30–50 km/1–1,5 Std. (je nach Ausgangsort); **Ubud** › **Lovina** 75 km/2 Std.; **Lovina** › **Besakih** › **Candi Dasa** 90 km/3–4 Std.; **Candi Dasa** › **Sanur** 80–100 km/2–3 Std.; **Sanur** › **Senggigi** (Lombok) 3–4 Std. (je nach Verkehrsmittel); **Senggigi** › **Kuta** 3 Std.

Verkehrsmittel: Auch für diese Tour gilt: Alle Orte auf Bali können preisgünstig mit Bussen der Firma Perama erreicht werden, die auch kombinierte Bus- und Bootstouren nach Lombok anbietet. Wer jedoch Reisen im eigenen Tempo liebt, wird einen Mietwagen bevorzugen. Von Südbali nach Lombok kann man fliegen – mehrere Flüge täglich verbinden die beiden Inseln. Auf dem Wasserweg geht es mit dem »Blue Water Express« ab Benoa (Zubringer von Sanur) nach Gili Trawangan und weiter nach Teluk Kode auf Lombok. Und von dort weiter mit dem Taxi nach Senggigi.

Wie bei **Tour 12** geht es über die Straße der Kunsthandwerker nach **Ubud** › S. 89. Dort verlängert man den Aufenthalt um einen weiteren Tag und macht einen Halbtagesausflug zu den alten Heiligtümern – **Goa Gajah** › S. 97, **Yeh Pulu** › S. 97, **Tirtha Empul** › S. 101 und **Gunung Kawi** › S. 101 –, eine Wanderung durch die Reisfelder oder einen ausgiebigen Bummel durch die Museen und Galerien Ubuds.

Über den **Pura Taman Ayun** › S. 79 in Mengwi geht es (wie in **Tour 12**) nach **Bedugul** › S. 109 am Bratan-See und weiter nach Lovina. Ein oder zwei zusätzliche Tage dort lassen sich gut nutzen, um einen Tag am Strand zu faulenzen und bei einem Bootsausflug Delfine zu beobachten. Am Tag darauf kann man einen Schnorchelausflug auf die **Insel Menjangan** › S. 117 organisieren und an einem weiteren Tag eine kleine Rundtour über **Munduk** › S. 110 und die Reisterrassen bei Pupuan zum buddhistischen Kloster **Brahma Vihara** › S. 110 unternehmen.

Nach dem endgültigen Abschied von Lovina geht es über Kintamani zum **Gunung Batur** › S. 114 und über Penelokan zu Balis heiligstem Tempel, dem **Pura Besakih** › S. 128. Statt nun aber direkt in den Süden zurückzukehren, steuert man als weitere Stationen den beschaulicheren Badeort **Candi Dasa** › S. 123 an der Ostküste an. Bei zwei Übernachtungen bleibt Zeit für einen Abstecher ins Bali-Aga-Dorf **Tenganan** › S. 124 und den Wasserpalast von **Tirthagangga** › S. 130. Der landschaftlich reizvolle Osten Balis wird domi-

Der Blumenmarkt in der Jalan Kartini, Denpasar

niert vom Gipfel des Agung-Vulkans und Reisterrassen. Auf dem Weg entlang der Küste nach **Sanur** › S. 67 kann man die Höhle **Goa Lawah** › S. 126 erkunden.

Von Sanur aus schließlich kann man einen Halbtagesausflug nach **Denpasar** › S. 77 einplanen, wo das Bali-Museum, aber auch der lebhafte Markt einen Besuch lohnen. Mit dem Flugzeug oder dem Katamaran geht es weiter nach **Lombok,** wo man am **Senggigi Beach** › S. 138 erst einmal einen Gang runter schaltet und eine Pause einlegt, um von diesem Standort aus dann die Insel in Tagesausflügen an Land und im Wasser (Tauchen, Schnorcheln) zu erkunden – so die **Gili-Inseln** › S. 141 im Nordwesten, den Süden mit seinen Kunsthandwerksdörfern und den feinsandigen Stränden in **Kuta** › S. 144 oder bei Wanderungen im Hügelland von **Tetebatu** › S. 144 am Fuß des mächtigen **Gunung Rinjani** › S. 145.

Infos von A–Z

Diplomatische Vertretungen

Botschaften der Republik Indonesien:

- **In Deutschland**
  10557 Berlin, Lehrter Str. 16-17,
  Tel. 0 30/47 80 70,
  botschaft-indonesien.de/.
  Konsulate gibt es in Hamburg, Kiel,
  Bremen, Frankfurt, Hannover, München und Stuttgart.

- **In Österreich**
  1180 Wien, Gustav-Tschermak-Gasse 5–7, Tel. 01/47 62 30,
  www.kbriwina.at.

- **In der Schweiz**
  3006 Bern, Elfenauweg 51,
  Tel. 0 31/3 52 09 83/4,
  www.indonesia-bern.org.

In Indonesien:

- **Deutsche Botschaft**
  Jl. Thamrin 1, Jakarta, Tel. 0 21/
  39 85 50 00, www.jakarta.diplo.de.

- **Österreichische Botschaft**
  Jl. Diponegoro 44, Meteng, Jakarta,
  Tel. 0 21/23 55 40 05,
  www.austrian-embassy.or.id.

- **Schweizer Botschaft**
  Jl. H. R. Rasuna Said, Blok X 3/2,
  Kuningan, Jakarta,
  Tel. 0 21/5 25 60 61,
  www.eda.admin.ch/jakarta.

Auf Bali:

- **Deutsches Honorarkonsulat**
  Jl. Pantai Karang 17, Sanur,
  Tel. 03 61/28 85 35,
  www.bali-ntb.com.

- **Schweizer Honorarkonsulat**
  Jalan Ganetri 9D, Gatot Subroto
  Timur, 80235 Denpasar,
  Tel. 03 61/26 41 49.

Einreisebestimmungen

Visa: Deutschen, Österreichern und Schweizern wird bei der Einreise ein Visum für 30 Tage erteilt (25 US-$; Kurzaufenthalt bis 7 Tage 10 US-$). Nur Barzahlung möglich. Das Visum kann einmalig um 30 Tage verlängert werden. Für längere Aufenthalte muss das Visum vor der Einreise beantragt werden. Bei der Einreise muss ein Reisepass, auch für jedes Kind, vorgelegt werden, der noch mindestens sechs Monate über das Einreisedatum hinaus gültig ist, weiterhin ein Rück- bzw. Weiterreiseticket. Weitere Infos erteilen die diplomatischen Vertretungen Indonesiens. **Devisen:** Bis zu 100 Mio. Rp. dürfen ein- und ausgeführt werden, Fremdwährungen unterliegen keinen Beschränkungen.

Einkaufen

Auf Märkten, in kleineren Geschäften und Kunstgalerien wird gehandelt, feilschen Sie aber nicht um jede Rupiah – schließlich geht es oft um Centbeträge. Immer mehr Boutiquen gehen inzwischen zu »fixed prices« über.

Achtung beim Kauf von Souvenirs: Alles was über 50 Jahre alt ist, gilt als Antiquität und unterliegt Ausfuhrbeschränkungen. Andererseits sind die meisten »Antiquitäten« längst nicht so alt, wie sie aussehen.

Elektrizität

Die Netzspannung beträgt überwiegend 220 V. In Indonesien benötigen Sie Flachstecker. Den notwendigen Adapter nehmen Sie am besten mit.

Feiertage

- 1.1. Neujahrsfest
- 17.8. Unabhängigkeitstag
- 25.12. Weihnachten

Als **halboffizielle Feiertage** gelten:

- 21.4. Kartinitag (Frauentag)
- 1.10. Pancasila-Tag (Verfassungstag)
- 5.10. Tag der Streitkräfte

Die Zahl der religiösen Feste › S. 45 ist unüberschaubar, ihre Daten richten sich nach dem Pawukon- bzw. dem Saka-Kalender und wechseln jährlich. Der vom Fremdenverkehrsamt herausgegebene »Calendar of Events« (www.bali-paradise.com/event.cfm) informiert aktuell über die Termine.

Der Sonntag ist arbeitsfrei. Die Büros, aber längst nicht alle Geschäfte, sind geschlossen.

Flughafengebühren und Flugrückbestätigung

Bei der Ausreise ist eine Flughafengebühr von 150 000 Rp. (bei Inlandsflügen ca. 50 000 Rp.) zu entrichten. Wenige Fluggesellschaften verlangen noch die Rückbestätigung des internationalen Flugs 72 Stunden vor Abflug. Dies kann telefonisch oder persönlich im Büro der jeweiligen Fluggesellschaft geschehen – lassen Sie sich unbedingt den »reconfirmation code« geben!

Fotografieren

Speicherkarten sind auf Bali erhältlich, allerdings sind sie meist teurer als zu Hause. Nehmen Sie am besten das nötige Material mit, denn Bali bietet herrliche Fotomotive. Das Speichern der Fotos auf CDs ist dagegen preiswert und in den größeren Urlaubsorten in Fotoläden möglich. Vergessen Sie bitte nicht, dass Einheimische keine Fotoobjekte sind. Zurückhaltung und die Bitte um Einverständnis – Gesten genügen meist – sollten, vor allem bei religiösen Feierlichkeiten, selbstverständlich sein. Bei nächtlichen Tempelfesten ist die Verwendung des Blitzlichtes absolut tabu!

Geld und Geldwechsel

Die indonesische Währung ist die Rupiah (Rp.). Getauscht werden kann in Banken (Geschäftszeiten Mo–Fr 8 bis 12 Uhr, Sa 8–11 Uhr). Lizenzierte Wechselstuben, die in den Touristenzentren an jeder Straßenecke zu finden sind, sind bis in die Abendstunden geöffnet, bieten einen sehr viel unbürokratischeren Service und haben keine schlechteren Kurse. Nachrechnen und Nachzählen sind allerdings sehr empfehlenswert. Die Umtauschraten in den großen Hotels sind meist etwas ungünstiger.

Kreditkarten von Visa und Mastercard werden in großen Hotels und vielen Galerien akzeptiert.

In den Touristenzentren sind auch Bankautomaten (ATM), die alle gängigen Kredit- und Maestro-Karten akzeptieren, sehr verbreitet. Hier kann man mit PIN gegen relativ hohe Gebühren Bargeld ziehen. Reiseschecks haben stark an Akzeptanz verloren.

Geschäftszeiten

Geschäfte öffnen und schließen sehr unterschiedlich, meistens von 9/10 Uhr bis 18/19 Uhr, kleinere Läden sind oft bis 21/22 Uhr geöffnet, auch an Sonn- und Feiertagen.

Behörden: Mo–Do 8–16 Uhr, Fr 8–11, Sa 8–12 Uhr.

Banken: Mo–Do 8–14 Uhr.

Spa-Zeiten sind im allgemeinen von etwa 9–18 Uhr.

Gesundheitsvorsorge

Impfungen sind für Bali nicht nötig. Überprüft werden sollte auf jeden Fall, ob der Impfschutz gegen Kinderlähmung und Tetanus noch besteht oder aufgefrischt werden sollte.

Die medizinische Versorgung in Indonesien ist nach wie vor unzureichend. Die gängigen **Medikamente** sind in Apotheken (apotik) günstig und rezeptfrei erhältlich. Die Reiseapotheke sollte aber auf jeden Fall Mittel gegen Durchfall, Sonnenbrand und Erkältungen enthalten.

Empfehlenswerte Kliniken:
- **Bali International Medical Centre**
  Jl. Ngurah Rai 100X, Tel. 03 61/
  76 12 63, www.bimcbali.com.
- **International SOS Clinic Bali**
  Jl. By Pass Ngurah Rai 505X, Kuta,
  Tel. 03 61/ 72 01 00,
  www.sosindonesia.com.

Wer ernsthaft erkrankt, sollte besser nach Singapur oder zurück nach Europa fliegen. Deshalb ist (v. a. für gesetzlich Krankenversicherte) der Abschluss einer Auslandsreisekrankenversicherung dringend anzuraten; diese sollte unbedingt den medizinisch notwendigen, besser noch den medizinisch sinnvollen Rücktransport einschließen.

Beim **Mückenschutz** sind die einheimischen Mittel (fragen Sie im Hotel) oft die wirksamsten. Sonnenschutzmittel und Sonnenhut gehören unbedingt ins Reisegepäck.

Vorsicht Klimaanlagen: Der ständige Wechsel zwischen den Kühlschranktemperaturen drinnen und der Hitze draußen hat schnell Erkältungen zur Folge.

Außerhalb der großen Hotels sollten nur gut durchgegarte Gerichte sowie schälbares Obst genossen werden (»cook it, peel it, or forget it!«). Leitungswasser ist tabu, Mineralwasser überall erhältlich, und einige Hotels halten auf den Zimmern auch abgekochtes Wasser bereit. Verzichten Sie aber keinesfalls aus Übervorsicht darauf, balinesische Gerichte zu probieren, denn sie sind ein wichtiger Teil des Reiseerlebnisses, und wenn Sie die Grundregeln beachten, gehen Sie kein großes Risiko ein.

Informationen
- **Indonesien Tourist Information Centre** c/o Global Communications Experts GmbH
  Hanauer Landstraße 184,
  60314 Frankfurt,
  www.tourismus-indonesien.de.

Informationsbüros auf Bali:
Bali Government Tourist Office
- **Denpasar**
  Jl. Surapati 7
  Tel. 03 61/23 45 69.
- **Kuta**
  Jl. Bana Sari 7, Legian,
  Tel. 03 61/75 40 90.
- **Ubud Tourism Office Bina Wisata**
  Jl. Raya Ubud, Tel. 03 61/97 32 85.
  Private Touristeninformation, bei der Sie auch Infos zu Tempelfesten und Tanzvorführungen in der Region bekommen.

Die Informationsbüros sind in der Regel von Mo–Do von 8–14 Uhr, Fr bis 11 Uhr geöffnet.

Kleidungsetikette

Badebekleidung trägt man am Strand (»oben ohne« ist aber strikt tabu!) – und nicht im Dorf und schon gar nicht im Tempel! Allzu offenherzige Kleidung verletzt die Gastgeber und provoziert Aufdringlichkeiten.

Schilder vor den Heiligtümern zeigen, was die Balinesen unter korrekter Klei-

Urlaubskasse	
Softdrink 0,3 l	ab 15000 Rp.
Tasse Kaffee	ab 12000 Rp.
Großes Bier	ab 25000 Rp.
Cocktail (Bar)	ab 50000 Rp.
Abendessen	ab 40000 Rp.
Eintrittspreise	25000–150000 Rp.
Mietwagen Selbstfahrer	ab 300000–500000 Rp./Tag
Mietwagen mit Fahrer	ca. 600000 Rp./Tag
Taxifahrt Kurzstrecke (3 km)	ca. 1000 Rp

dung verstehen: Knie und Schultern sollten unbedingt bedeckt sein. Bei Tempelfesten muss ein Tempelschal und ein einheimischer Sarong getragen werden, in Geschäften gibt es für wenig Geld sehr schöne Sarongs in dezenteren Farben und Mustern als in den Souvenirshops zu kaufen.

Einen Tempelschal kaufen Sie am besten gleich am Anfang, dann haben Sie ihn immer parat.

Post

Die Postämter (Kantor Pos dan Giro) sind in der Regel Mo–Do 8–14 Uhr, Fr 8–11 Uhr und Sa 8–12.30 Uhr geöffnet. Briefmarken sind bei Postal Services in den Touristenzentren und in vielen Hotels erhältlich. Post nach Europa benötigt ca. zehn Tage, Luftpostpakete zwei bis drei Wochen, Seepakete rund drei Monate. Um das Verschicken kümmern sich Cargo-Firmen.

Sicherheit

Indonesien ist ein sicheres Reiseland, aber wie überall auf der Welt kommt es gerade in Touristenzentren immer wieder zu Diebstählen. Lassen Sie Ihren wertvollen Schmuck deshalb am besten zu Hause und vertrauen Sie Ihre Wertsachen dem Hotelsafe an.

Telefon, Fax, Internet

Bequem sind Telefonate mit **Telefonkarten**, die in Telefonämtern (Wartel), aber oft auch an der Hotelrezeption erhältlich sind. Wartels (öffentliche Telefonbüros) verfügen auch über Fax- und häufig über Internetanschluss.

In allen Fremdenverkehrsorten gibt es darüber hinaus **Internet-Cafés** – allerdings nicht überall schnelle Verbindungen. Viele Hotels bieten mittlerweile günstige oder sogar kostenlose WLAN-Verbindungen für alle, die mit Smartphone reisen.

Mobiltelefone (u. a. D1, D2, E-plus) funktionieren in Bali problemlos. Erkundigen Sie sich vorab bei Ihrem Anbieter nach den Roaming-Gebühren. Wer viele Handy-Gespräche innerhalb Indonesiens führt, sollte eine einheimische Sim-Karte kaufen (in Wartels, aber auch an Kiosken erhältlich).

Internationale Vorwahlen:
• **Deutschland**: 0 01 49
• **Österreich**: 0 01 43
• **Schweiz**: 0 01 41
• **Indonesien**: 00 62

Zeit

Auf Bali/Lombok gilt zentralindonesische Zeit: MEZ + 7 Std. (während der europäischen Sommerzeit + 6 Std.).

Zollbestimmungen

Zollfrei eingeführt werden dürfen Gegenstände des persönlichen Bedarfs, Foto-, Film- und Videokameras, Filme, Laptop und Fernglas sowie 1 l alkoholische Getränke, 200 Zigaretten (50 Zigarren bzw. 100 g Tabak), Parfüm für den persönlichen Bedarf sowie Geschenke im Gesamtwert von 250 US-$. Verboten ist die Einfuhr von Publikationen in chinesischer Schrift, pornografische Schriften (auch Bücher oder Zeitschriften mit sehr freizügigen Fotos), bespielte Videokassetten, Waffen, Rauschgift und Frischobst. Ausgeführt werden dürfen Souvenirs, aber keine Antiquitäten, die älter als 50 Jahre alt sind. Bei der Wiedereinreise im Heimatland sind Waren im Wert von bis zu 430 € bzw. 300 CHF zollfrei.

Andenken, die gegen das Washingtoner Artenschutzabkommen verstoßen (Produkte aus geschützten Tieren, unter anderem Elfenbein, Schildpatt und Schlangenhaut), werden am Zoll in Europa rigoros beschlagnahmt und es drohen hohe Strafen.

Register

Bildnachweis

Coverfoto Wasserpalast in Ujung © Getty Images/AWL Images/Michele Falzone
Fotos Umschlagrückseite © shutterstock/Olga Khoroshunova (links), shutterstock/Sabine Alphonsine (Mitte); Fotolia/Paulus Rusyanto (rechts)

Fotolia/dodohawe: 16; Fotolia/edouarrr: 142, U2-3; Fotolia/Eisen: 17; Fotolia/erikdegraaf: 47; Fotolia/Karen Gentry: 115; Fotolia/AlexanderGordeev: U2-2; Fotolia/Piotr Pawinski: 13; Fotolia/photochris: 99; Fotolia/Pascale Planchon: 82; Fotolia/Paul Stock: 126; Fotolia/tr3gi: 130; Fotolia/Yuyu: 100; Getty Images/Photolibrary/Tom Cockrem: 150; Sigmar Hohl: 80; Elke Homburg: 35, 40, 51, 58, 124, 127, 138; Huber Images/Bruno Morandi: 23, U2-1; Huber Images/PictureFinders: 54; Huber Images/Reinhard Schmid: 79; Volkmar Janicke: 85; laif/Babovic: 56; laif/Emmler: 66, 119; laif/Philipp Engelhorn: 57; laif/hemis: 31, 133; laif/hemis.fr/Maisant Ludovic: 93; laif/hemis. fr/Bruno Morandi: 141, U2-4; laif/Frank Heuer: 94, 104; LOOK-foto/age fotostock: 34; LOOK-foto/Jan Greune: 62; LOOK-foto/Per-Andre Hoffmann: 134; LOOK-foto/Kay Maeritz: 28, 69; LOOK-foto/TerraVista: 41; LOOK-foto/ travelstock44: 73; mauritius images/Alamy: 25, 39, 97; mauritius images/Manfred Mehlig: 102; mauritius images/ib/Otto Stadler: 86; Harald Mielke: 27; S. Pollermann: 45; Wolfgang Rössig: 8 o, 9 o, 9 u, 10; Otto Rücker: 50; shutterstock/Jeremy Brown: 116; shutterstock/CHEN WS: 36; shutterstock/Mikhail Dudarev: 20, 60; shutterstock/flocu: 112; shutterstock/Gargonia: 145; shutterstock/Natali Glado: 75; shutterstock/Kjersti Joergensen: 108; shutterstock/joyfull: 90; shutterstock/Christian Jung: 14; shutterstock/Olga Khoroshunova: 6; shutterstock/ leoks: 32; shutterstock/Edmund Lowe Photography: 146; shutterstock/Dolly MJ: 76; shutterstock/Tatiana Morozova: 98; shutterstock/Iryna Rasko: 131; shutterstock/saiko3p: 114; shutterstock/stockpix4u: 122; shutterstock/Aleksandar Todorovic: 103, U2-Klappe; shutterstock/trubavin: 8 u; shutterstock/Takashi Usui: 148; Martin Thomas: 48, 53, 83, 111, 129; Wikipedia/Jar0d: 118; Wikipedia/Midori: 144

Liebe Leserin, lieber Leser,
wir freuen uns, dass Sie sich für diesen POLYGLOTT on tour entschieden haben.
Unsere Autorinnen und Autoren sind für Sie unterwegs und recherchieren sehr gründlich, damit Sie mit aktuellen und zuverlässigen Informationen auf Reisen gehen können.
Dennoch lassen sich Fehler nie ganz ausschließen. Wir bitten Sie um Verständnis, dass der Verlag dafür keine Haftung übernehmen kann.

Ihre Meinung ist uns wichtig. Bitte schreiben Sie uns:
TRAVEL HOUSE MEDIA GmbH, Redaktion POLYGLOTT, Grillparzerstraße 12,
81675 München, redaktion@polyglott.de
www.polyglott.de

1. komplett überarbeitete Auflage 2016

© 2016 TRAVEL HOUSE MEDIA GmbH München
Dieses Buch wurde auf chlorfrei gebleichtem Papier gedruckt.
ISBN 978-3-8464-2854-2

Alle Rechte vorbehalten. Nachdruck, auch auszugsweise, sowie die Verbreitung durch Film, Funk, Fernsehen und Internet, durch fotomechanische Wiedergabe, Tonträger und Datenverarbeitungssysteme jeglicher Art nur mit schriftlicher Genehmigung des Verlages.

Bei Interesse an maßgeschneiderten POLYGLOTT-Produkten:
Verónica Reisenegger
veronica.reisenegger@travel-house-media.de

Bei Interesse an Anzeigen:
KV Kommunalverlag GmbH & Co KG
Tel. 089/928 09 60
info@kommunal-verlag.de

Redaktionsleitung: Grit Müller
Verlagsredaktion: Anne-Katrin Scheiter
Autorin: Elke Homburg, Thomas Staender
Co-Autor: Wolfgang Rössig
Redaktion: Henriette Volz
Bildredaktion: Barbara Schmid
Mini-Dolmetscher: Langenscheidt
Layoutkonzept/Titeldesign:
fpm factor product münchen
Karten und Pläne: Sybille Rachfall
Satz: Tim Schulz, Mainz
Herstellung: Anna Bäumner
Druck und Bindung:
Printer Trento, Italien

PEFC/18-31-506

Ein Unternehmen der
GANSKE VERLAGSGRUPPE

Mini-Dolmetscher Indonesisch

Allgemeines

Guten Morgen.	Selamat pagi. [Bəlamat pagi]
Guten Tag. (nachmittags)	Selamat sore. [Bəlamat Bore]
Hallo!	Hallo! [hallo]
Wie geht's?	Apa kabar? [apa kabar]
Danke, gut.	Kabar baik. [kabar baik]
Ich heiße ...	Nama saya ... [nama Baja]
Auf Wiedersehen.	Sampai jumpa. [Bampai dsehumpa]
Morgen	pagi [pagi]
Nachmittag	sore [Bore]
Abend, Nacht	malam [malam]
morgen	besok [beBok]
heute	hari ini [hari ini]
gestern	kemarin [kəmarin]
Sprechen Sie Deutsch / Englisch?	Anda bisa bicara Bahasa Jerman / Inggeris? [anda bisa bitschara bahaBa dseherman / inggris]
Wie bitte?	Bagaimana?. [bagaimana]
Ich verstehe nicht.	Saya tidak mengerti. [Baja tidak məngerti]
Sagen Sie es bitte nochmal.	Anda bisa ulang sekali lagi. [anda biBa ulang Bəkali lagi]
..., bitte.	..., silakan / harap / tolong. [Bilakan / harap / tolong]
Danke.	terima kasih. [tərima kaBih]
Keine Ursache.	kembali [kəmbali]
was / wer / welcher	apa / siapa / yang mana [apa /Biapa / jang mana]
wo / wohin	di mana / ke mana [di mana / kə mana]
wie / wie viel	bagaimana / berapa [bagaimana / bərapa]
wann / wie lange	kapan / berapa lama [kapan / bərapa lama]
Wie heißt das?	Apa namanya? [apa namanja]
Wo ist ...?	Di mana ...? [di mana]
Können Sie mir helfen?	Bisakah anda tolong saya? [biBakah anda tolong Baja]
ja	ya [ja]
nein	tidak [tidak]
Entschuldigen Sie.	Maaf. [ma·af]
Das macht nichts.	Tidak apa-apa. [tidak apa apa]

Shopping

Wo gibt es ...?	Di mana ada ...? [di mana ada]
Wie viel kostet das?	Berapa harganya? [bərapa harganja]
Ich nehme es.	Saya ambil yang ini. [Baja ambil jang ini]
Wo ist eine Bank?	Di mana ada bank? [di mana ada bank]
Geben Sie mir 100 g davon / zwei Kilo ...	Saya minta seratus gram dari itu / dua kilo ... [Baja minta Beratus gram dari itu / dua kilo]
Haben Sie deutsche Zeitungen?	Apakah ada surat kabar Jerman? [apakah ada Burat kabar dseherman]
Wo kann ich telefonieren?	Di mana saya bisa menel(e)pon? [di mana Baja bisa mənel(ə)pon]

Essen und Trinken

Die Speisekarte, bitte.	Tolong, daftar makanan. [tolong, daftar makanan]
Brot	roti [roti]
Kaffee (schwarz)	kopi (tanpa apa-apa) [kopi (tanpa apa apa)]
Tee (ohne Milch / Zucker)	teh (tanpa apa-apa) [teh (tanpa apa apa)]
Orangensaft	air jeruk [a·ir dsehəruk]
Suppe	sup [Bup]
Reis	nasi [naBi]
Fisch / Meeresfrüchte	ikan / makanan laut [ikan / makanan la·ut]
Fleisch	daging [daging]
Geflügel	ayam [ajam]
vegetarische Gerichte	makanan vegetaris [makanan vegetaris]
Gemüse	sayuran [Bajuran]
Ei / Eier	telor [təlor]
Salat	selada [Balada]
Sojasoße	kecap [ketschap]
Ketschup	saus tomat [Baus tomat]
Chilipaste	sambal [Bambal]
Kuchen / Süßspeisen	kue / manis-manisan [kue / manis_maniBan]
Obst	buah-buahan [buah_buahan]
Speiseeis	eskrim [eskrim]
Wein	anggur [anggur]
Bier	bir [bir]
(Trink)wasser	air (putih) [a·ir (putih)]
Mineralwasser	air mineral [a·ir mineral]
Limonade	fanta, sprite [fanta, sprait (sprit)]
Ich möchte bezahlen.	Saya ingin bayar. [Baja ingin bajar]